Q&A 第4版

経理担当者のための
税務知識の
ポイント

税理士
松田 修
［著］

清文社

改訂にあたって

　令和元年（2019 年）10 月 1 日より消費税は酒類を除く飲食料品と定期購読の新聞に軽減税率（8%）が実施され、標準税率（10%）とあわせてわが国で初めて複数税率が適用されます。

　同じく令和元年（2019 年）10 月 1 日より「区分記載請求書等保存方式」が実施され、令和 5 年（2023 年）からは「適格請求書等（インボイス）保存方式」が予定されています。インボイス制度が実施されると「免税事業者」はインボイスを発行できないため、免税事業者からの仕入れは仕入税額控除ができなくなります（6 年間の経過措置があります）。

　また、令和 2 年度税制改正により消費税にも申告期限の延長が認められます。これまで、法人税、事業税、住民税は申告期限の延長が認められていたものの、消費税は認められておらず実務上混乱が生じていましたが、令和 3 年 3 月決算から届出を要件に延長することができます。

　法人税では、中小企業者の少額減価償却資産の特例制度（取得価額 30 万円未満の損金算入）を 2 年間（令和 4 年 3 月 30 日まで）延長するとともに、対象となる法人から、常時使用する従業員の数が 500 名を超える法人および連結法人が除外されました。

　今回の改訂では、これらの税制改正を踏まえて、データをすべて最新のものに改めました。加えて、改正に合わせて Q&A も追加し、経理初心者の方にも理解できるよう工夫しています。

　最後に、改訂にあたり株式会社清文社の杉山七恵氏をはじめ関係各位に大変お世話になりました。心より感謝を申し上げます。

　令和 2 年 10 月

税理士　松田　修

まえがき

　会社の経理処理では、様々な税金の処理が要求されます。具体的には、法人税、消費税、所得税、印紙税などの正しい処理が日々求められます。

　これらの処理を適切に行わないと、払わなくてもいい無駄な税金を納めることになったり、税務調査で誤った処理の指摘を受ければ、修正申告で過少申告加算税や延滞税が課税されることになります。

　本書では、会社で発生する様々な税金処理について、基礎事項の確認から実務上の留意ポイント、特殊なケースの実務対応まで、仕訳の例示や演習、さらにQ&Aを交えて、詳しく分かりやすくをモットーに執筆いたしました。

　まず法人税では、法人税の基礎から実務で問題の多い「修繕費」「交際費」「人件費関係」「消耗品費の区分」など、個別の問題を事例を交えながら解説しています。

　また、消費税では仕訳の都度に要求される「課税」「非課税」「免税」「不課税（対象外）」の区分、誤りの多い「仕入税額控除」の内容などを取り上げました。

　さらに、「通勤交通費」や「昼食代・残業食事代」「社員旅行の取扱い」「社宅家賃」などの現物課税（所得税）の問題、および経理実務で判断に迷う「印紙税の取扱い」など、皆様の実務に関連の深い重要な事例についてQ&A方式で解説しました。

会社での経理処理で発生する様々な税金の問題を取り上げましたので、すでに会社の経理実務に携わっている方はもちろんのこと、これから経理処理を学ぶ初心者の方にも理解していただけることと思います。

　本書が税金の処理など経理実務に携わる方に少しでもお役に立てば、著者としてこれに過ぎたる喜びはありません。

　最後に出版にあたり、株式会社清文社の鶴崎敦氏をはじめ関係各位に大変お世話になりました。心より感謝を申し上げます。

平成 23 年 5 月

税理士　松田　修

目次
CONTENTS

【第 1 部】 法人税の取扱い

第1章 法人税の申告および納付

第2章 所得金額の計算と収益計上時期

第4章 寄附金課税

第5章 使途秘匿金課税

第6章 貸倒損失

第7章 役員給与等人件費の取扱い

第8章 固定資産の取扱い

第9章 資本的支出と修繕費

【第2部】消費税の取扱い

第1章 消費税の概要

第4章 小規模事業者に係る納税義務の免除(免税事業者の取扱い)

第8章 簡易課税制度

第9章 中間申告

【第３部】現物課税の取扱い

【第４部】印紙税の取扱い

```
┌─ 凡例 ──────────────────────────────┐
│ ・法………法人税法                                        │
│ ・法令………法人税法施行令                                │
│ ・法規………法人税法施行規則                              │
│ ・消法………消費税法                                      │
│ ・新消法……28年改正法及び所得税法等の一部を改正する法律 │
│ 　　　　　　（平成30年法律第7号）による改正後の消費税法 │
│ ・通則法……国税通則法                                    │
│ ・法基通……法人税基本通達                                │
│ ・所基通……所得税基本通達                                │
│ ・措法………租税特別措置法                                │
│ ・措規………租税特別措置法施行規則                        │
│ ・措通………租税特別措置法関係通達                        │
└──────────────────────────────────┘
```

◎　本書の内容は、令和2年9月1日現在の法令、通達等によっています。

第 1 部

法人税の取扱い

第 1 章

法人税の申告および納付

1 法人税の申告期限

1. 確定申告書

　法人税の申告書には、「確定申告書」と「中間申告書」があります。

　確定申告書は、株主総会の承認を受けた決算に基づいて作られた申告書をいいます。会社はこの確定申告書を、決算日の翌日から2か月以内に所轄の税務署長に提出しなければならないことになっています。

　3月31日決算の会社は、5月31日までに申告しなければなりません。

　なお、5月31日が土曜日、日曜日、祝日などにあたる場合には、その翌日の6月1日（または6月2日）が申告期限となります。

　また、12月29日から1月3日までは税務署は執務を行わないため、12月29日から31日が申告期限にあたる会社の場合には、翌年の1月4日（1月4日が土曜日、日曜日、祝日などの場合は1月5日〔または1月6日〕）に申告書を提出すれば、期限内に提出されたことになります。

　ただし、次の場合には「申告期限の延長の特例の申請書」を税務署長に提出して、それが認められれば、1か月間だけ申告期限が延長されることになります（連結確定申告の場合には、2か月間延長）。

　• 上場会社のように会計監査人の監査があり、決算が2か月以内に確定

しない場合

- 中小会社であっても定款に「当社の株主総会は決算終了後 3 か月以内
に開催する」と記載されている場合

この延長の特例の申請書は「延長の特例を受けようとする事業年度終了
の日」、すなわち、その期の決算日までに提出しなければなりません。こ
の申請書が提出されれば、税務署長は自動的に承認しています。

また、一度承認を受ければ毎期この延長の特例の申請書を提出しなくて
もよいことになっています（事業税、住民税にも同様の申告期限の延長の取
扱いがあります）。令和 3 年 3 月決算から消費税も 1 か月の延長が認められ
ます（令和 2 年度税制改正）。

確定申告書の提出期限をまとめると、次のとおりです。

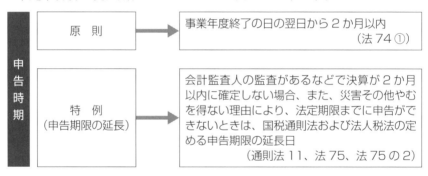

| 申告時期 | 原 則 | → | 事業年度終了の日の翌日から 2 か月以内
（法 74 ①） |
| | 特 例
（申告期限の延長） | → | 会計監査人の監査があるなどで決算が 2 か月以内に確定しない場合、また、災害その他やむを得ない理由により、法定期限までに申告ができないときは、国税通則法および法人税法の定める申告期限の延長日
（通則法 11、法 75、法 75 の 2） |

（注） 会計監査人のいる法人で事業年度終了後 3 か月以内に定時株主総会が招集されない
場合には、事業年度終了後最大 6 か月まで申告期限を延長することができます。

Q **非上場会社の申告期限の延長**

当社は、3 月決算の非上場会社です。3 月決算終了後、4 月は、
3 月の月次処理や売掛金や買掛金などの集計、棚卸や減価償却費の計
算などの決算業務に追われます。5 月の連休明けに顧問会計事務所の
担当者に会社に来てもらい、帳簿のチェックや決算書および法人税申

告書の作成をお願いしていますが、それらができ上がるのが 5 月下旬になり、申告まで余裕がありません。もう少し余裕を持って法人税の申告を行いたいのですが、何かいい方法はあるでしょうか？

A　御社のように非上場会社で会計監査人の監査が入っていない場合でも、定款に「当社の定時株主総会は、決算終了から 3 か月以内に開催する」と規定されている場合には、決算が 2 か月以内で確定しない場合がありますので、法人税の申告期限を 1 か月延長することができます（事業税、住民税にも同様の規定があります）。令和 3 年 3 月決算から消費税も 1 か月の延長が認められます（令和 2 年度税制改正）。

2. 中間申告書

　事業年度の期間が 6 か月を超える会社は、事業年度開始の日から 6 か月を経過した日から 2 か月以内に、「中間申告書」を提出しなければなりません。たとえば、3 月 31 日決算の会社の場合、9 月が中間の決算の月となるので、その 2 か月後の 11 月 30 日までに中間申告書を提出しなければなりません。

　この中間申告には、次の 2 つの方法があり、いずれを選択するかは会社の任意です（継続適用は要件とされないので、今期は「予定申告」、来期は「仮決算による中間申告」と変えることもできます）。

(1)　前年度実績による予定申告

　次の算式で計算した金額を、中間申告分の税額として申告することです。

$$（前期の法人税額）\times \frac{6}{（前事業年度の月数）}$$

上記の算式により計算した税額が 10 万円以下（1 年決算で前期の法人税が

20万円以下）の場合や前期が赤字の場合には、予定申告の必要はありません。

⑵ 仮決算による中間申告

　事業年度開始の日から6か月の期間を1事業年度とみなして、仮決算を行い、中間決算書、法人税の申告書を作成し提出期限までに中間申告することです。

　この仮決算による中間申告の税額が10万円以下になっても、所得がマイナスになっても、この仮決算による中間申告は必ずしなければなりません。

申告書の提出期限

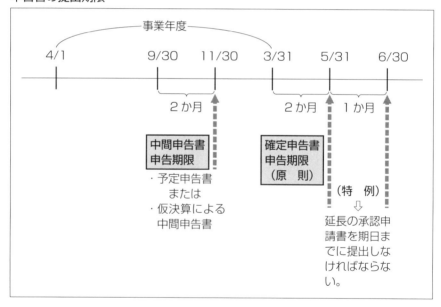

3. 中間申告の特例

　法人が提出期限までに、予定申告書、または仮決算による中間申告書を提出しなかった場合には、これらの申告書の提出がなくても、税法上の提

出期限の日に予定申告があったものとして取り扱われます（消費税、事業税、住民税も同様です）。

2 法人税の納付期限

法人税の納付期限は、下記のとおりです。
- 確定申告分……原則として事業年度終了の日の翌日から 2 か月以内
- 中間申告分……事業年度開始の日から 6 か月を経過した日の翌日から 2 か月以内

ただし、確定申告書の提出期限の延長を受けている会社は、その延長された提出期限が法人税の納付期限になります。

上場会社のように会計監査人の監査がある場合や、中小会社であっても定款に「当社の株主総会は決算終了後 3 か月以内に開催する」と記載されている場合には、前述した「申告期限の延長申請書」を提出すると、確定申告書の提出期限も法人税の納付期限も 1 か月延長されます（単独決算の場合）。

ただし、この延長した期間には、原則年 7.3 %^(*) の利子税を納付しなければなりません（利子税は延滞税などの罰金と異なり、法人税の費用〔これを「損金」といいます〕になります）。

（＊）　利子税の割合は各年の「特例基準割合」が年 7.3 % に満たない場合にはその「特例基準割合」とされています。
　　　「特例基準割合」とは、各年の前々年の 9 月から前年の 8 月までの各月における銀行の新規の短期貸出約定平均金利の合計を 12 で除して得た割合として各年の前年の 11 月 30 日までに財務大臣が告示する割合に年 0.5 % の割合を加算した割合をいいます。
　　　ちなみに令和 2 年 1 月 1 日から 12 月 31 日までの利子税は 1.6 % になります。

もし、利子税を支払いたくない場合には、2 か月以内に法人税を納めても構いません。これを「見込納付」といいます。

3 法人税額の計算

1. 税率（普通法人、一般社団法人、一般財団法人および人格のない社団等の場合）

所得金額の区分／法人の区分	課税所得金額のうち		年800万円超の金額
	年800万円（800万円×$\frac{当期の月数}{12}$）以下の金額		
期末資本金が1億円超の法人	23.2%		
期末資本金が1億円以下の法人	15%（19%）		23.2%

（注）・月数は暦に従って計算し、1月に満たない端数が生じたときは、これを1月とします。
　　　・上記税率は平成31年4月1日以降に開始する事業年度（令和元年3月期）から適用されています。
　　　・普通法人とは、株式会社、（特例）有限会社、合同会社、合資会社、合名会社、医療法人、一般社団法人、一般財団法人、などをいいます。
　　　・適用除外事業者（その事業年度開始の日前3年以内に終了した各事業年度の所得金額の年平均額が15億円を超える法人等）の年800万円以下の部分については19%の税率が適用されます。

2. 大法人の税額計算パターン

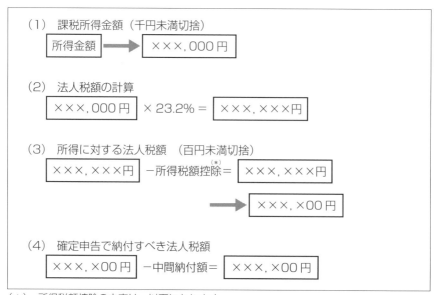

（＊）　所得税額控除の内容は、以下にあります。

◎源泉所得税は法人税から控除される

　会社が、預金の利子や株式の配当金をもらうとき、15% または 20% の税金が差し引かれています（「復興特別所得税」を除きます）。なお、利子については、源泉所得税として 15% の税金が差し引かれています。

　会社には、法人税はかかりますが、所得税はかかりません。

　そこで、税法では、この源泉所得税は、法人税を前払いしたものとして扱います。ですから、計算された法人税からこの源泉所得税をマイナスすることになります。これを「所得税額控除」といいます。

◎配当金に関する源泉徴収

　上場会社の法人株主に対しては源泉所得税（国税）15% が源泉徴収されています。非上場株式の配当金については、従来どおり源泉所得税（国税）が 20% 徴収されます（いずれも「復興特別所得税」を除きます）。

◎復興特別所得税

　平成 25 年 1 月 1 日から令和 19 年 12 月 31 日までの間に生ずる所得については、利子および配当金に対する源泉所得税に 2.1% の税率を乗じた「復興特別所得税」が加算されるので、税率は下記のとおりとなります。

・源泉所得税率　15%　→　15.315%
・源泉所得税率　20%　→　20.42 %

「復興特別所得税」も法人税から控除されます。

3. 中小法人の税額計算パターン

（1） 課税所得金額

$$\boxed{\text{所得金額}}$$

（2） 年 800 万円以下の金額（千円未満切捨）

$$\boxed{8,000,000\,円} \times \frac{12}{12} = \boxed{8,000,000\,円}$$

（3） 年 800 万円超の金額（千円未満切捨）

$$\boxed{（1）} - \boxed{（2）} = \boxed{×××,×××円} \qquad \boxed{×××,000\,円}$$

（4） 法人税額の計算

① （2）に対する税額 $\boxed{8,000,000\,円} \times \begin{array}{c}15\% \\ (19\%)\end{array} = \boxed{\begin{array}{c}1,200,000\,円 \\ (1,520,000\,円)\end{array}}$

② （3）に対する税額 $\boxed{×××,000\,円} \times 23.2\% = \boxed{×××,×××円}$

③ 法人税額 ①＋②＝ $\boxed{×××,×××円}$

（5） 所得に対する法人税額（100 円未満切捨）

$$\boxed{×××,×××円} -所得税額控除= \boxed{×××,×××円}$$

$$\boxed{×××,×00\,円}$$

（6） 確定申告で納付すべき法人税額

$$\boxed{×××,×00\,円} -中間納付額= \boxed{×××,×00\,円}$$

10

第2章
所得金額の計算と収益計上時期

1 所得金額の計算

　法人税は、会社の利益に対してかかる税金です。

　しかし、損益計算書の「税引前当期純利益」に対して法人税がかかるわけではありません。

　法人税がかかる会社の利益を法人税では「所得金額」、または「課税所得」ともいいます。

　この所得金額に税率をかけて、法人税を計算することになります。

　会社の利益は、

収　益　−　費　用

で計算されます。

　一方、所得金額は、

益　金　−　損　金

で計算されます。

- 益金……法人税法上の収益
- 損金……法人税法上の費用

11

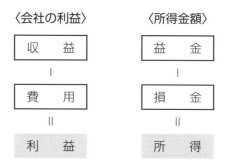

したがって、

・収益 ＝ 益金

・費用 ＝ 損金

であれば、利益と所得は一致することになります。

しかし、利益と所得は必ずしも一致しません。それは、企業会計・会社法と税法のそれぞれの目的が違うことによります。

会社の利益は、会社法や企業会計原則などによって計算し、その目的は株主に対して会社の経営成績や財政状態を正確に報告することです。

これに対して、所得金額は税金をかけるということで、課税の公平を目的として計算されます。

よって、利益と所得に違いが生ずることになります。

Q 「費用」と「損金」の違い

企業会計・会社法と税法のそれぞれの目的が違うため、利益と所得は必ずしも一致しないとのことですが、たとえば「費用」と「損金」にはどのような違いがありますか。

A 「費用」と「損金」の違いでは、たとえば、「交際費」や「退職給付引当金」「賞与引当金」などがあげられます。

会計上では、「交際費」や「退職給付引当金繰入額」「賞与引当金繰入額」

は費用として計上されますが、法人税では「交際費」は冗費（無駄なお金）節約、および過度の節税に使われないよう、損金となる金額に一定の限度額を設けています（詳しくは18頁以下参照）。

また、法人税法では、「退職給付引当金」「賞与引当金」の繰入を一切認めていませんので、「退職給付引当金繰入額」や「賞与引当金繰入額」は損金にすることはできません（法人税法では、実際に「退職金」や「賞与」を支払った時に損金になります）。

このように会計上の「費用」と法人税法上の「損金」には違いがあるので、結果、「利益」と「所得」に違いが生じることになります。

2 損金経理とは

法人税法では、「損金経理により……したときは、所得の金額の計算上損金の額に算入する」と規定されているものが多くあります。

損金経理とは、「法人がその確定した決算において費用または損失として経理すること」をいいます。

法人税法には、この「損金経理」という言葉が数多く出てきますので、よく頭に入れておいてください。損金経理をしないと損金として認められない代表的なものとして、次のようなものがあります。

- 減価償却資産の償却費の損金算入
- 少額減価償却資産の損金算入
- 一括償却資産の損金算入
- 貸倒損失の損金算入　　　　　など

これらは、会社が確定した決算において、費用または損失として経理しなかった場合には損金（法人税法上の費用）とは認められませんので、法人税申告書で減算処理（これを「申告調整」といいます）で損金にすること

は認められません。

　この「損金経理」は通常、科目は要求されていません（費用、損失の科目で経理すればどの科目でもよい）。しかし、「損金経理」の中には「○○の科目で損金経理する」といった科目が指定されているものもあります。

Q 損金経理の具体例
法人税法では、「損金経理」しないと損金として認められないものがいくつかあるようですが、具体的な例を教えてください。

A たとえば、「少額減価償却資産」などがあります（詳しくは106頁参照）。

　法人が10万円未満のパソコンを購入した場合、この「少額減価償却資産」に該当し、「消耗品」になりますが、それには会社が「消耗品費」または「備品消耗品費」などの科目で「損金経理」する必要があります。

　仮に会社がこのような10万円未満のパソコンを「備品」として「資産計上」した場合には、会社の資産となり、損金には認められません（耐用年数で減価償却していくことになります）。

　なお、法人税法ではこの「損金経理」は一般に科目が指定されていませんので、机や椅子を購入した場合でも、「雑費」や「雑損失」でも損金経理に該当します（ただし、 管理会計の面からは問題があるのでお薦めしません）。

3 収益の計上時期

　売上の収益計上時期については、法人税法では次のように規定されています。

　① 棚卸資産の販売による収益の額は、その引渡しのあった日（法基通2-1-2）

　② 　請負による収益の額は、その目的物の全部を完成して引き渡した日、
　　または役務の全部を完成した日（法基通 2 - 1 - 21 の 7）

1.　棚卸資産（商品・製品）の販売による収益計上時期

　棚卸資産の販売による収益の額は、その引渡しのあった日の属する事業
年度とされていますが、具体的には次のように例示されています。

　① 　出荷した日…出荷基準
　② 　相手方が検収した日…検収基準
　③ 　相手方において使用収益ができることとなった日…使用収益開始基準
　④ 　検針等により販売数量を確認した日…検針日基準

　法人は、これらの基準の中からそれぞれの棚卸資産の種類および性質、
その販売に係る契約の内容等に応じ、引渡しの日とすることが合理的と認
められるものを選択することになります。

　また、一度選択した基準は毎期継続的に適用する必要があり、合理的な
理由無しに変更すると「利益操作」とみなされ、否認の対象になるので注
意が必要です。

2.　委託販売の収益計上時期

　委託品についての収益計上時期は、受託者が委託品を譲渡した日になり
ます。

　ただし、委託販売では、受託者がいつ販売したかが明らかでない場合も
あるので、売上計算書が週、旬、月を単位として一括して送付されている
場合で、継続してその売上計算書の到達した日を譲渡の日としているとき
は、売上計算書の到達した日を収益計上の日とすることも認められていま
す。

（注）　委託販売とは、商品・製品の販売を他の会社やお店に委託する販売形態をいいます。
　　商品・製品の所有権は、販売を委託する側（委託者）にあり、販売を委託された側（受
　　託者）は、商品・製品を販売した場合に委託者から手数料を受け取ります。
　　　お店が在庫を抱えたくない場合や、高級家具、宝石など、お店が仕入を躊躇するよ
　　うな高額商品、製品の販売に利用します。

3.　請負による資産の譲渡等の時期

（1）　物の引渡しを要する請負契約

　　目的物の全部を完成して相手方に引き渡した日になります。建築の
請負などが該当します。

（2）　物の引渡しを要しない請負契約

　　約した役務の全部を完了した日になります。コンサルタント契約な
どが該当します。

4.　固定資産の譲渡の時期

　固定資産の引渡しがあった日に収益を計上します。ただし、土地、建物
その他これらに類する資産については、契約の効力発生の日とすることも
認められます。

　土地を譲渡する場合には、契約日から引渡し日まで一定の期間があるの
が通常です。たとえば、3 月決算の会社が 3 月に土地を譲渡する契約を行
い、4 月に土地を引き渡した場合、収益計上は契約した期にするか、引き
渡した期にするかは法人の任意です。

5.　決算締切日（法基通 2 − 6 − 1）

　法人が、商慣習その他の理由により、各事業年度に係る収入および支出
の計算の基礎となる決算締切日を継続してその事業年度終了の日以前おお
むね 10 日以内の一定の日としている場合には、これを認めます。

Q 請求書の締切日を会社によって変えることができるか

当社では、お客様の要望で、20日締めや25日締めで売上の請求書をお出ししている会社が数社あります。ところで、このような場合には締切日以降の売上をピックアップして売上を計上する必要がありますか？（たとえば、25日締めの場合には、26日から末日までの売上）正直手間もかかりますので、何かいい方法はありませんか？

A

締切日以降の売上をいちいちピックアップして売上を計上するのも、なかなか手間がかかります。

そこで、法人が商慣習その他の理由により、売上など収益計上の締切日をその事業年度終了の日以前、おおむね10日以内の一定の日としている場合は、この処理が認められます。

御社のように、20日締めや25日締めで売上の請求書を出している会社については、締切日以降の売上をピックアップして売上を計上する必要はありません。

また、この処理は仕入や経費の計上でも同様です（ただし、仕入や経費については計上額が少なくなるので、少額のものに限って適用されるのがよいと思います）。

第 **3** 章

交際費課税

1 交際費の損金不算入

　法人が各事業年度において支出する交際費等の額は、冗費（無駄なお金）を節約して企業の自己資本を充実し企業体質の強化を図るという政策的見地等から、原則として、その全額が損金に算入されないこととされています。

　しかし、中小企業については、特別に、交際費のうち一定の金額までは、損金として認められることになっています（下記参照）。

（注 1）　交際費等の額のうち「接待飲食費の 50％ に相当する金額」は損金の額に算入することができます。

（注 2）　「月数」は、事業年度の月数をいい、暦に従って計算し、1 か月に満たない端数が生じたときは、その端数を 1 か月とします。

（注 3）　資本金が 5 億円以上の法人の 100％ 子会社については、資本金が 1 億円以下であっても損金に算入される交際費はありません。

なお、資本金 1 億円超の会社でも「1 人当たり 5,000 円以下の飲食費」は、損金の額に算入することができます（「1 人当たり 5,000 円以下の飲食費」については後述します）。

２ 交際費の損金不算入制度の改正（令和 2 年度税制改正ほか）

交際費等の額のうち「接待飲食費の 50％ に相当する金額」は損金の額に算入することができます（「1 人当たり 5,000 円以下の飲食費」と同様に、専らその法人の役員もしくは従業員またはこれらの親族に対する接待等のためにする支出する費用は除かれます）。

資本金が 1 億円を超える会社も「接待飲食費の 50％ に相当する金額」は損金の額に算入することができます。

また、資本金の額が 1 億円以下の会社についても、「接待飲食費の 50％ に相当する金額」と定額控除限度（年 800 万円）のいずれか多い金額を選択適用して、損金算入することができます。

なお、令和 2 年度税制改正により、資本金の額等が 100 億円を超える法人には「接待飲食費の 50％ 損金算入」の規定は適用されません（令和 3 年 4 月開始事業年度から適用）。

◎交際費等の額に「接待飲食費の 50% に相当する金額」を損金算入するイメージ図

◎接待飲食費の額の 50% 相当額の損金算入と定額控除限度額までの損金算入との比較

(1) 接待飲食費の額が年 1,600 万円を超える場合（損金算入額：Ⓐ＞Ⓑ）

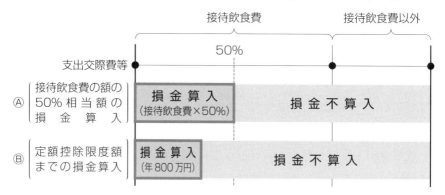

(2) 接待飲食費の額が年 1,600 万円以下の場合（損金算入額：Ⓐ≦Ⓑ）

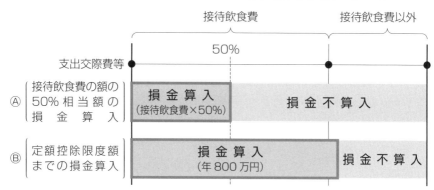

出所：国税庁「平成 26 年度 交際費等の損金不算入制度の改正のあらまし」をもとに作成

飲食費について
どのような費用が飲食費に該当するか、教えてください。

 飲食費について法令上は、「飲食その他これに類する行為のために要する費用（社内飲食費を除きます）」と規定されています（措法 61 の 4）。このため、次のような費用については、社内飲食費に該当するものを除き、飲食費に該当します。

① 　自己の従業員等が得意先等を接待して飲食するための「飲食代」

② 　飲食等のために支払うテーブルチャージ料やサービス料等

③ 　飲食等のために支払う会場費

④ 　得意先等の業務の遂行や行事の開催に際して、弁当の差入れを行うための「弁当代」（得意先等において差入れ後相応の時間内に飲食されるようなもの）

⑤ 　飲食店等での飲食後、その飲食店等で提供されている飲食物の持ち帰りに要する「お土産代」

（注）　接待飲食費は、「交際費等のうち飲食その他これに類する行為のために要する費用（社内飲食費を除きます）であって、帳簿書類により飲食費であることが明らかにされているもの」とされており、ここでいう「飲食その他これに類する行為のために要する費用（社内飲食費を除きます）」は、改正前の飲食費の定義である「飲食その他これに類する行為のために要する費用（社内飲食費を除きます）」と同一の用語であることから、その範囲は変わりません。

 飲食費に該当しない費用
飲食費に該当しない費用にはどのようなものがありますか？

 次に掲げる費用は飲食費に該当しません。
① 　ゴルフや観劇、旅行等の催事に際しての飲食等に要する費用
通常、ゴルフや観劇、旅行等の催事を実施することを主たる目的とした

行為の一環として飲食等が実施されるものであり、その飲食等は主たる目的である催事と一体不可分なものとしてそれらの催事に吸収される行為と考えられますので、飲食等が催事とは別に単独で行われていると認められる場合（たとえば、企画した旅行の行程のすべてが終了して解散した後に、一部の取引先の者を誘って飲食等を行った場合など）を除き、ゴルフや観劇、旅行等の催事に際しての飲食等に要する費用は飲食費に該当しないこととなります。

②　接待等を行う飲食店等へ得意先等を送迎するために支出する送迎費

　本来、接待・供応に当たる飲食等を目的とした送迎という行為のために要する費用として支出したものであり、その送迎費は飲食費に該当しないこととなります。

③　飲食物の詰め合わせを贈答するために要する費用

　単なる飲食物の詰め合わせを贈答する行為は、いわゆる中元・歳暮と変わらないことから、その贈答のために要する費用は飲食費に該当しないこととなります。

帳簿書類への記載事項
帳簿書類への記載事項について教えてください。

A　接待飲食費については、交際費等のうち飲食その他これに類する行為のために要する費用（社内飲食費を除きます）で、かつ、法人税法上で整理・保存が義務付けられている帳簿書類（総勘定元帳や飲食店等から受け取った領収書、請求書等が該当します）に、飲食費であることを明らかにするために次の事項を記載する必要があります（措法 61 の 4、措規 21 の 18 の 4、法規 59、62、67）。

　①　飲食費に係る飲食等（飲食その他これに類する行為をいいます。以下同じ）のあった年月日

② 飲食費に係る飲食等に参加した得意先、仕入先その他事業に関係の
ある者等の氏名または名称およびその関係

③ 飲食費の額並びにその飲食店、料理店等の名称およびその所在地

④ その他飲食費であることを明らかにするために必要な事項

（上記要件は、後述する「1 人当たり 5,000 円以下の飲食費」と同様ですが、「その参加した人数」は必要とされていません）

> **Q 交際費の損金算入額について**
>
> 以下の会社について「交際費の損金不算入額」と「交際費の損金算入額」を教えてください。なお、いずれも 1 年決算法人で親会社はありません。
>
> ① 資本金 1,000 万円　年間交際費　500 万円（うち接待飲食費 200 万円）
>
> ② 資本金 5,000 万円　年間交際費 1,000 万円（うち接待飲食費 500 万円）
>
> ③ 資本金　　 1 億円　年間交際費 3,000 万円（うち接待飲食費 2,000 万円）
>
> ④ 資本金　　 3 億円　年間交際費 5,000 万円（うち接待飲食費 3,000 万円）

A 「交際費の損金不算入額」と「交際費の損金算入額」は以下のとおりです。

① 資本金が 1 億円以下で年間交際費が 800 万円以下なので、「交際費の損金不算入額」はありません。交際費の全額（500 万円）が損金になります。

② 資本金が 1 億円以下なので、「交際費の定額控除限度額」が 800 万円あります。そして、交際費のうち接待飲食費が 500 万円あるので、その 50% の 250 万円と 800 万円のいずれか多い金額が損金になります。よって御社の「交際費の損金算入額」は 800 万円、「交際費の損金不算入額」は 200 万円（1,000 万円 – 800 万円）となります。

③ 資本金が 1 億円以下なので、「交際費の定額控除限度額」が 800 万円

あります。そして、交際費のうち接待飲食費が 2,000 万円あるので、その 50% の 1,000 万円と 800 万円のいずれか多い金額が損金になります。よって御社の「交際費の損金算入額」は 1,000 万円、「交際費の損金不算入額」は 2,000 万円（3,000 万円 − 1,000 万円）となります。

④　資本金が 1 億円を超えているので、「交際費の定額控除限度額」はありませんが、接待飲食費の 50% の 1,500 万円が損金になります。よって御社の「交際費の損金算入額」は 1,500 万円、「交際費の損金不算入額」は 3,500 万円（5,000 万円 − 1,500 万円）となります。

> **Q** **グループ法人税制が交際費課税に与える影響**
>
> 当社の親会社は資本金 5 億円で、当社はその 100% 子会社です。また、当社の資本金は 1 億円なので、従来、交際費の損金算入額として定額控除制度がありましたが、平成 22 年度税制改正により取扱いが変わったと聞いています。その内容について、具体的に教えてください。

A　平成 22 年度税制改正によって、平成 22 年 4 月 1 日以降開始事業年度（1 年決算法人の場合には平成 23 年 3 月期から適用）からグループ法人税制が導入されています。

具体的には、資本金の額が 5 億円以上の法人の 100% 子会社法人については、中小企業特例措置（軽減税率、特定同族会社の特別税率の不適用、貸倒引当金の繰入、交際費等の損金不算入制度における定額控除制度、欠損金の繰越控除および欠損金の繰戻しによる還付制度）は適用されません。

御社の場合にも、従来は交際費の損金算入額として定額控除制度がありましたが、平成 22 年 4 月 1 日以降開始事業年度（1 年決算法人の場合には平成 23 年 3 月期）からはこの枠がなくなり、資本金 1 億円超の法人と同様に交際費は全額損金不算入となりました。

　なお、平成 26 年 4 月 1 日以降開始事業年度（1 年決算法人の場合には平成 27 年 3 月期）からは、「飲食のために支出する費用」の 50% は損金の額に算入することができるようになっています。

3 交際費等の範囲

　法人税法では、「交際費等」と規定されており、社会通念上の交際費の概念より幅広く定められています。

　具体的には、交際費等とは、交際費、接待費、機密費その他の費用で、法人が、その得意先、仕入先その他事業に関係のある者等に対する接待、供応、慰安、贈答その他これらに類する行為のために支出する費用をいいます。

　また「得意先、仕入先その他事業に関係のある者等」には、その法人の営む事業に取引関係のある者だけでなく、間接的にその法人の利害に関係のある者およびその法人の役員、使用人、株主等も含まれます。

> **Q** **従業員、役員に対する支出**
> 　当社では役員、従業員だけで食事会や飲み会を行うことがありますが、このような支出も交際費に該当しますか？

A　法人税法では、交際費支出の範囲として、「得意先、仕入先その他事業に関係のある者等」と規定しています。そして、この「得意先、仕入先その他事業に関係のある者等」には、その法人の営む事業に取引関係のある者だけでなく、間接的にその法人の利害に関係のある者およびその法人の役員、使用人、株主等も含まれます。

　従業員の慰安のために行われる運動会、演芸会、旅行、忘年会などのために通常要する費用で、福利厚生費に該当するものは交際費とはなりませ

んが、これらの飲食の回数が多い場合や特定の役員や従業員のみを対象と
したもの（機会均等でないもの）は交際費に該当します。さらに、金額や
回数が目立って多い場合には、役員または従業員の給与になり、所得税、
住民税の対象になることもあります。

> **Q 社員旅行の取扱い**
>
> 当社ではこのたび、海外への社員旅行を計画していますが、会
> 社および従業員に課税されないようにするにはどのような点に注意す
> ればよいでしょうか？

A 社員旅行費用は、以下の要件を満たせば、交際費には該当せず
福利厚生費として費用（損金）になり、役員および従業員にも
所得税、住民税が課税されることはありません。

① 旅行期間が4泊5日以内のものであること

目的地が海外の場合には、目的地における滞在日数とします。たと
えば、ハワイ旅行4泊6日の場合、現地では4泊5日となるので、要
件を満たすことになります。

② 旅行に参加する従業員の数は、全従業員（工場、支店等で行う場合
には、この工場、支店などの従業員の合計人数）の50％以上であること
（ただし、最初から特定の人だけ対象としたものは、たとえ従業員の50％
以上が参加しても機会均等ではないので交際費になります）

また、次の点にもご注意ください。この社員旅行の取扱いは、福利厚生
として一般に行われる新年会、忘年会またはボーリング大会などの、簡易
なレクリエーションに参加した場合の取扱いと同様のものです。

したがって、上記①②のポイントを形式的に満たしていても、高額な慰
安旅行の場合には、給与として処理され、役員、従業員の方に所得税、住

民税が課税されるので、最大でも会社負担分が1人10万円前後になるように実施してください（1人約24万円で否認され、従業員側に所得税、住民税が課税された例があります）。

> **Q　株主優待券の取扱い**
>
> 当社は飲食店を営んでいますが、当社の株主に対し一定の持ち株に応じてお店で利用できるサービス券（株主優待券）を交付しています。
>
> 　ところで聞くところによると、株主に対する贈答などの支出は交際費になるそうですが、このような株主優待券は交際費となりますか？また、配当金に該当するでしょうか？

A　法人が株主に対して、その株主である地位に基づいて供与した経済的な利益であっても、法人の利益の有無にかかわらず供与することとしている以下のものについては、法人が剰余金や利益の処分として取り扱わない限り配当金には含まれません（所基通24-2）。

①　旅客運送業を営む法人が自己の交通機関を利用させるために交付する株主優待乗車券など

②　映画、演劇等の興行業を営む法人が自己の興行場等において上映する映画の観賞等をさせるために交付する株主優待入場券など

③　ホテル、旅館業等を営む法人が自己の施設を利用させるために交付する株主優待施設利用券など

④　法人が自己の製品等の値引販売を行うことにより供与する利益

⑤　法人が創業記念、増資記念等に際して交付する記念品

上記の中で、⑤のように法人の支出が伴うものは「交際費」に該当しますが、①～④のように法人の支出が伴わないものは「交際費」には該当し

ません。

　したがって、御社が交付するサービス券（株主優待券）は、配当金、交際費のいずれにも該当しないので、特に処理は必要ありません。

4 交際費等と他の費用との区分

　交際費等に類似する費用には福利厚生費、広告宣伝費、会議費などがあります。これらの費用と交際費等について、支出の形態などから区分すると、次のようになります。

1. 福利厚生費との区分

　社内の行事に際して支出される金額で、次のものは交際費等には含まれません。

① 　創立記念日、国民の祝日、新社屋落成などに際し、従業員等におおむね一律に社内において供与される通常の飲食に要する費用

② 　従業員等（従業員等であった者を含みます）またはその親族等の慶弔、禍福に際し、一定の基準に従って支給される金品に要する費用

Q **創立記念日の記念品代**

当社は今年で会社創立 50 年を迎えます。社員に購入金額 1 万円程度の万年筆とボールペンのセットを、50 周年記念の刻印を刻んで贈りたいと考えています。

　ところで、この万年筆とボールペンのセットの購入代金は、「交際費」に該当しますか？

　なお、当社では会社創立 40 年の時にも同様の記念品を交付していますが、その後はこの種の贈答などはありません。

A 　会社が役員または従業員に対して創業記念、増資記念、工事完成記念または合併記念等に際し、その記念として支給する記念品（現物に代えて支給する金銭は含みません）で、次に掲げる要件のいずれにも該当するものについては、課税しなくても差し支えないと定められています（所基通 36 − 22）。

① 　その支給する記念品が社会通念上記念品としてふさわしいものであり、かつ、そのものの価額（処分見込価額により評価した価額）が 1 万円以下のものであること

② 　創業記念のように一定期間ごとに到来する記念に際し支給する記念品については、創業後相当期間（おおむね 5 年以上の期間）ごとに支給するものであること

　御社が創立 50 年記念で従業員の方などに交付する万年筆とボールペンのセットは上記の要件を満たすので、会社では「福利厚生費」として処理することができ、交際費には該当しません。また、従業員側でも所得税、住民税が課税されることはありません。

Q　得意先を創立 50 周年パーティーに招待する費用およびご祝儀の取扱い

　当社はお陰さまで来年会社設立 50 年を迎えます。これを記念して創立 50 周年パーティーをホテルの宴会場で 1 人当たり 1 万円ぐらいの予算で行う予定です。このパーティーには当社のお客さまなどを 500 名ほど招待する予定ですが、当社の従業員も 200 名ほど参加します。このパーティー費用のうち、当社の従業員分は「福利厚生費」として分けて処理することができますか？　また、招待したお客様からご祝儀をいただくことが予想されますが、このご祝儀はパーティー費用から控除することができますか？

A 御社が実施予定の創立50周年パーティーは、得意先等に対する接待、供応となるため、その費用全額が交際費になります。この創立50周年パーティーに役員、従業員があわせて参加した場合でも、その費用全額が交際費になりますが、接待飲食費に該当するので50%損金算入の適用をすることができます（役員、従業員だけで別途行った場合には「福利厚生費」として処理することができます）。

　また、交際費等の額は、接待等の行為のために支出する金額となり、このご祝儀は会費としての性格もないので、残念ながら交際費の額より控除することはできません。よって、ご祝儀は雑収入(益金)となり、別途、法人税が課税されます。

Q 会費制ゴルフコンペの取扱い

当社ではお得意様を招待してゴルフコンペを開催する予定でいます。このゴルフコンペは会費制とし、1万円の会費を徴収しますが、その他のプレー代、飲食費、賞品などの費用は当社が負担する予定です。

　ところで聞くところによると、交際費の額は、接待等の行為のために支出する金額の全額となり、お客様からいただいたご祝儀などは交際費の額より控除することができないそうですが、このようなゴルフコンペの会費も交際費から差し引くことはできないでしょうか？

A ご指摘のように交際費等の額は、接待等の行為のために支出する金額となり、ご祝儀など会費としての性格がないものは交際費の額より控除することはできず、雑収入(益金)となり、別途法人税が課税されます。

　しかし、御社が徴収するゴルフコンペの会費のように、ゴルフコンペ費用の負担金であることが明らかな場合には、支出する交際費とひも付き関係があるので、交際費等の額から控除することができます。

慶弔、禍福（祝儀、不祝儀）の取扱い

次のような祝儀、不祝儀はどのような経理処理になるか教えてください。

① 会社の慶弔規程に基づいて支給される社員に対する「結婚祝い金」「出産祝い金」

② 会社の慶弔規程に基づいて支給される社員の親族に対するお香典および花輪代

③ 得意先の会長が亡くなったことにより支出するお香典および花輪代

④ 退職した従業員が亡くなったことにより支出するお香典および花輪代

⑤ 得意先の会社が行う「新社長就任披露パーティー」に持参するご祝儀

A ご質問の①および②は、「福利厚生費」として処理できます。④についても、会社の慶弔規程に基づいて支給されるもの、また、その支払いが慣例化しているものについては、「福利厚生費」として処理することができます。

③および⑤は、「交際費」に該当します。

2. 広告宣伝費との区分

不特定多数の者に対する広告宣伝効果を意図する次のような支出は「広告宣伝費」に該当し、「交際費等」には含まれません。

① カレンダー、手帳、扇子、うちわ、手ぬぐいその他これらに類する物品で、多数の者に配布することを目的とし、主として広告宣伝効果を意図し、その価格が少額（おおむね1,000円以下）であるもの

② 製造業者、卸売業者または販売業者が、抽選により、一般消費者に対し金品を交付するために要する費用、または一般消費者を旅行、観劇等に招待する費用

③ 製造業者、卸売業者または販売業者が、金品引換券付販売に伴い、一般消費者に対して金品を交付する費用

④ 製造業者、卸売業者または販売業者が、一定の商品等を購入する一般消費者を旅行、観劇等に招待することをあらかじめ広告宣伝し、その購入した者を旅行、観劇等に招待する費用

⑤ 小売業者が商品を購入した一般消費者に対し景品を交付するために要する費用

⑥ 一般の工場見学者等に製品の試飲、試食をさせる費用（これらの者に対する通常の茶菓等の接待に要する費用を含む）

⑦ 得意先等に対する見本品、試用品の供与に通常要する費用

⑧ 製造業者、卸売業者または販売業者が、自己の製品またはその取扱商品に関し、これらの者の依頼に基づき、継続的に試用（モニター）を行った一般消費者または消費動向調査に協力した一般消費者に対しその謝礼として金品を交付するために通常要する費用

Q **広告宣伝用の少額物品**

当社は事務用機器の販売をしています。このたび新製品の販売促進キャンペーンのため1本1,000円程度の万年筆に社名を入れ、お客様に配ろうと企画しています。カレンダー、手帳、扇子、うちわ、手ぬぐいなどの贈答は交際費には該当せず、広告宣伝費で処理できるとのことですが、当社が配る1本1,000円程度の万年筆も広告宣伝費で処理できますか？

A カレンダー、手帳、扇子、うちわ、手ぬぐいその他これらに類する物品で、多数の者に配布することを目的とし、主として広告宣伝効果を意図し、その価格が少額（おおむね1,000円以下、名入れ費用、消費税を除きます）であるものは、交際費には該当せず広告宣伝費として処理することができます。

　御社が配布を予定している1本1,000円程度の万年筆も上記に該当するので、広告宣伝費で処理することができます。

Q　広告宣伝用プリペイドカードの取扱い

　当社では以前、テレホンカードやオレンジカードに社名を入れてお客様にお配りし大変喜ばれていましたが、携帯電話が普及し、テレホンカードはあまり使われなくなりました。そこで、代わりに「図書カード」に社名を印刷して配ることを考えています。お配りする「図書カード」は額面1,000円で、印刷費を含めると1,200円ほどになりますが、この支出は広告宣伝費として処理することができますか？

A 「図書カード」などのプリペイドカードも多数の者に配布することを目的とし、主として広告宣伝効果を意図し、その価格が少額（おおむね1,000円以下）であれば、広告宣伝費として処理することができます。

　この場合、その価格が少額（おおむね1,000円以下）とは社名などの印刷費は含まれませんので、御社が配布予定の額面1,000円の「図書カード」は上記に該当し、広告宣伝費として処理することができます。

Q　抽選で一般消費者を旅行、観劇へ招待する費用

　当社では、一般消費者向けに新聞、雑誌などで広く告知を行い、当選者には高額な賞品を進呈するプランを考えています。具体的には、

「特賞：乗用車、1 等：ハワイ旅行、2 等：現金 10 万円」といった
高額な商品ですが、この場合も広告宣伝費で処理できますか？
　また、当社には「法人営業部」もあり、得意先の法人を対象に同様
の抽選を行い賞品を進呈した場合はどうでしょうか？

A　製造業者、卸売業者または販売業者が抽選により、一般消費者
に対し金品を交付するために要する費用、または一般消費者を
旅行、観劇等に招待する費用は交際費に該当せず、広告宣伝費として処理
することができます。この場合、賞品の金額に制限はありませんので（法人
税法、景品表示法とも）、御社が実施予定の高額な賞品でも対象になります。

　ただし、賞金や賞品が 50 万円を超えると、御社で所得税の源泉徴収を
する必要があります。具体的には、賞金や賞品の額（賞品の場合には、通
常の販売価額の 60%）から 50 万円を控除した残額の 10% の金額になりま
す（令和 19 年 12 月 31 日までは「復興特別所得税」が加算されるので、税率
は 10.21% になります）。

　また、この取扱いは一般消費者を抽選で旅行、観劇へ招待する費用が対
象になりますので、業者、業界など法人を対象にしたものは広告宣伝費と
は認められず、交際費に該当します。

Q　一般消費者を対象とする金品引換券付販売

パン製造業を営む当社では、一般消費者を対象として、製品に
貼られた応募シールを 10 枚集めて応募すると有名アニメキャラク
ターの書かれた食器を全員にプレゼントする販売促進を行いますが、
この費用は広告宣伝費として処理することができますか？

A　製造業者、卸売業者または販売業者が金品引換券付販売に伴い、
一般消費者に対して金品を交付する費用は広告宣伝費として処

理することができます。

　今回の販売促進も「一般消費者を対象とする金品引換券付販売」に該当するので、交際費ではなく、広告宣伝費になります。

Q **結婚 1 周年記念として宿泊、飲食のプレゼント**

　当社は、ホテルを経営しています。当ホテルで結婚式を行ったお客様を、1 年後の結婚記念日に当ホテルの宿泊とディナーにご招待しています。

　このプレゼントはホテルのパンフレットにも記載していますが、広告宣伝費に該当しますか？

A 御社で結婚式を行ったお客様を、1 年後の結婚記念日にホテルの宿泊とディナーにご招待する費用は、製造業者、卸売業者または販売業者などが、一定の商品等を購入する一般消費者を旅行、観劇等に招待することをあらかじめ広告宣伝し、その購入した者を旅行、観劇等に招待する費用に該当しますので、広告宣伝費として処理することができます。

Q **小売業者がポイントカードにより一般消費者に景品を交付する費用**

　当社は小売店を営んでいます。お客様にはポイントカードを発行し、ご利用金額に応じてポイントを貯めていただき、一定のポイントに達するといろいろな景品と交換できるシステムになっています。このようなポイントカードにより一般消費者に景品を交付する費用は、広告宣伝費になりますか？

A 御社が実施しているポイントカードにより一般消費者に景品を交付する費用は、小売業者が商品を購入した一般消費者に対し景品を交付するために要する費用に該当し、広告宣伝費として処理することができます。

なお、この取扱いは一般消費者を対象としているものに限られます。会社など事業者を対象としている場合には、その景品が少額（おおむね3,000円以下）であり、かつその種類および金額が製造業者、卸売業者などで確認できる場合には広告宣伝費になりますが、それ以外は交際費に該当します。

Q　ワイン工場の試飲に要する費用

当社はワイナリーを経営しています。見学に訪れたお客様で車を運転しない方には当社のワインの試飲をしていただいていますが、このワインの試飲に要する費用はどのような科目になりますか？

A ワイナリー見学の方にワインを試飲していただく費用は、一般の工場見学者等に製品の試飲、試食をさせる費用に該当し、広告宣伝費になります。車を運転する方にワインの代わりにジュースやコーヒー、お茶などを提供しても同様に広告宣伝費です。

Q　新製品を見本品、試供品として提供した場合

当社は女性化粧品の製造をしています。このたび新製品を発売する予定ですが、この新製品を既存のお客様や問屋および小売店に見本品、試供品として提供したいと考えています。これらの費用は広告宣伝費として認められますか？

A 御社が新製品を既存のお客様や問屋および小売店に見本品、試供品として提供する費用は、得意先等に対する見本品、試供品

の供与に通常要する費用に該当し、広告宣伝費として処理できます。

3. 会議費との区分

次の費用は「会議費」に該当し、交際費等には含まれません。

①　会議に際し社内または通常会議を行う場所において通常供与される昼食程度を超えない飲食物等の接待に要する費用

②　旅行、観劇に招待し、あわせて新製品の説明、販売技術の研究等の会議を開催した場合において、会議としての実態を備えていると認められるときの、会議に通常要すると認められる費用の金額

Q　食堂やレストランを利用したビジネスランチ

当社では、お客様との商談や打合せをするときに、食堂やレストランを利用し、いわゆるビジネスランチをよく行っています。ところで、法人税の通達では「会議に際し社内または通常会議を行う場所において」と規定されており、これは社内や貸し会議室でお弁当を食べることを想定しており、外の食堂やレストランは該当しないのでしょうか？

また、「昼食程度」とありますが、朝食や夕食は対象になりますか？

A　会議に際し社内または通常会議を行う場所において通常供与される昼食程度を超えない飲食物等と同程度のものであれば、外の食堂やレストランを利用しても会議費と認められます。また、上記の範囲内であれば朝食や夕食も会議費と認められます。ただし、会議としての実態がない場合、夕食などで多量のお酒を飲んだ場合（乾杯程度であれば可）や料亭（ランチは可）、スナックなど会議の場所としてふさわしくない場合には、交際費となります。

Q 社内会議の飲食代

当社では一定以上の役職者を集めて、月に一度「経営戦略会議」を行っています。この会議は時間のロスをなくすため、昼食時や夕食時にお弁当など食事をとりながら行っています。このような同一の会社の社員だけでの飲食も、会議費に該当しますか？

A 会議費は他の会社の従業員などが参加することを要件としていませんので、社内だけであっても、会議に際し通常供与される昼食程度を超えない飲食物等（夕食もお弁当や出前なら可）の費用は会議費になります。

Q 5,000 円を超える飲食費

当社の社長や役員が非常に重要なお客様（上場企業の役職者）と打ち合わせや商談をする際には、ランチといえども料亭や一流ホテルのレストランを利用することがあります。このような場所では、ランチでも 5,000 円を超える場合がありますが、この費用も会議費と認められますか？

A 「会議費」には、後述する「1 人当たり 5,000 円以下の飲食費」のような金額的基準はありません。御社のケースのように、非常に重要なお客様と料亭や一流ホテルのレストランで商談や打合せを行い、1 人当たり 5,000 円をオーバーした場合でも、会議としての実態があれば会議費と認められます（以前は会議費と認められるのは「1 人当たり 3,000 円程度まで」といわれていましたが、平成 18 年 5 月に国税庁が出した「交際費等（飲食費）に関する Q&A」の中で 1 人当たり 5,000 円を超えてもその費用が通常要するものであれば交際費には該当しないとしています）。

> **Q** **温泉地での新製品の説明会および販売技術の研修会の費用**
>
> 当社では、得意先である卸売店、小売店を対象に、自社の新製品の説明会および販売技術の研修会を近隣の温泉地の旅館で行っています。以前は東京都内で開催していましたが、参加者を集めるのに苦労したため、得意先を温泉地に招待するようにしたところ、お客様にも喜ばれ、お陰さまで参加者も増えてきました。ところで、この新製品の説明会および販売技術の研修会に関する次の費用はどのように処理したらいいでしょうか？
>
> ①温泉地までの交通費、②新製品の説明会および販売技術の研修会の会場費、③旅館の宿泊代、④夜の宴会の費用

A 御社が開催した「新製品の説明会および販売技術の研修会」の費用は、旅行、観劇に招待し、あわせて新製品の説明、販売技術の研究等の会議を開催した場合において、会議に通常要すると認められる費用の金額に該当します。

また、主たる目的が「新製品の説明会および販売技術の研修会」で、会議としての実態を備えていますので、①温泉地までの交通費、②会場費、③旅館の宿泊代は、会議費として処理できますが、④の夜の宴会の費用は、得意先に対する接待、供応に該当するので交際費になります。

なお、主たる目的が「得意先に対する接待」である場合には、②会場費以外は交際費になります。

4. 情報提供料との区分

情報提供料は一般に紹介料といわれています。法人がこの情報提供料（紹介料）を支払った場合には、以下のように取り扱われます。（措通61の4(1)－8）

　取引に関する情報の提供または取引の媒介、代理、あっせんなどの役務の提供を行うことを業としていない者（ただし、相手方の従業員等は除きます）に対し、情報提供等の対価として金品を交付した場合であっても、その金品の交付が次の要件のすべてを満たしている場合には、正当な対価の支払いと認められ、交際費には該当しません。

- その金品の交付があらかじめ締結された契約に基づくものであること
- 提供を受ける役務の内容がその契約において具体的に明らかにされており、かつ、これに基づいて実際に役務の提供を受けていること
- その交付した金品の価額がその提供を受けた役務の内容に照らし相当と認められること

Q　取引に関する情報の提供などを業としている者

通達の中に「取引に関する情報の提供又は取引の媒介、代理、あっせん等の役務の提供を行うことを業としていない者に対して情報提供等の対価として金品を交付した場合」とありますが、逆に「取引に関する情報の提供などを業としている者」とはどのような業種ですか？

A　「取引に関する情報の提供などを業としている者」の代表は、不動産仲介業です。不動産仲介業は、こちらで不動産を売りたいまたは貸したい方と、不動産を買いたいまたは借りたい方の情報を提供する業種です。不動産の売買や賃貸で不動産仲介業の方に支払った手数料は、上記の「情報提供料の通達」には該当しません。

Q　相手先従業員に対する情報提供料

当社は業務用管理ソフトの請負制作を行っています。先般、ある会社の従業員の方からその会社で使用する管理ソフトの発注を検討しているとの情報をいただき、早速商談を行いましたところ、お陰さまで管理ソフト制作の受注をいただくことができました。この従業員

の方には大変有益な情報をいただきましたのでお礼としていくらかの紹介手数料をお支払いしたいと考えておりますが、この紹介手数料はどのような処理になりますか？

A　交際費に該当しない「情報提供料（紹介料）」の支払いの相手先から「相手の会社の従業員」は除外されています。したがって、御社のケースのように受注を受けた会社の従業員の方に情報提供料（紹介料）を支払った場合には、その全額が交際費に該当します。

Q 情報提供料（紹介料）を支払う際の具体的注意点

当社は建築の請負を行っています。仕事柄、建物建築物件の紹介を受ける場合も多く、その際には一定の情報提供料（紹介料）を支払っています。ところで聞くところによれば、このような情報提供料（紹介料）は一定の要件を満たせば交際費にならないそうですが、どのような要件を満たせばよいか具体的に教えてください。

A　情報提供料（紹介料）が交際費とならない要件は以下の３つです。

①　その交付があらかじめ締結された契約に基づくものであること

②　提供を受ける役務の内容がその契約において具体的に明らかにされており、かつ、これに基づいて実際に役務提供を受けていること

　貴社の場合には、「建物を建築する方を紹介いただいた場合には紹介料をお支払いする」とういう契約書を作成し、あらかじめ紹介予定者と契約を結んでください。

③　その交付した金品の価額がその提供を受けた役務の内容に照らし相当と認められること

　上記の契約書に、たとえば「紹介手数料は、建築価額の３％とします。」

のように定めてください。

> **Q** **情報提供料（紹介料）を受け取った側の課税関係**
> 上記に関連してもう１つ質問します。前の質問のお答えの要
> 件を満たし情報提供料（紹介料）を支払った場合、当社では交際費に
> はならないことは理解しましたが、相手方は課税されますか？　特に
> 個人の方の場合、所得税の申告は必要になりますか？

A 御社が支払った情報提供料（紹介料）は、受け取った相手方は
課税されます。法人の場合には、売上、雑収入などの益金に、
個人の場合には雑所得または事業所得となるので、所得税の確定申告が必
要になります。特に個人の場合には納税の認識が低い場合があり、あとで
「あの紹介料は税金がかかるとは聞いていなかった」などとトラブル発生
の原因にもなりますので、所得税の確定申告が必要であることを、紹介料
支払いの際に相手方に念を押しておいたほうがいいでしょう。

　また、得意先の営業部長に新しいお客様を紹介していただき、情報提供
料（紹介料）を払う場合など相手方に申告してもらえないケースでは、交
際費で処理することになります（ただし、「儀礼」の範囲を越え紹介料が多
額になる場合には「使途秘匿金」との関係に注意が必要です）。

> **Q** **あらかじめ締結された契約とは**
> 交際費とならない情報提供料の要件の１つに、「その交付があ
> らかじめ締結された契約に基づくものであること」とありますが、こ
> れは必ず契約書など文書の作成が必要になりますか？　また、社内規
> 程のみでは認められませんか？

A 交際費とならない情報提供料の要件の「その交付があらかじめ締結された契約に基づくものであること」は、必ずしも契約書など文書の作成を要件にはしていません。たとえば、口頭での契約、チラシ、パンフレットやホームページでの告知でも認められます。ただし、社内規程のみで外部に告知していない場合には認められず、「交際費」になるのでご注意ください。

5. 給与等との区分

　役員、従業員に対して支給される次のようなものは、給与の性質を有するものとして交際費等に含まれません。

① 　常時支給される昼食等の費用

② 　自社の製品、商品等を原価以下で従業員等に販売した場合の原価に達するまでの費用

③ 　機密費、接待費、交際費、旅費等の名義で支出したもののうち、その法人の業務のために使用したことが明らかでないもの

> **Q 役員、従業員に常時支給される昼食**
> 　役員、従業員に常時支給される昼食代や、自社の製品、商品等を原価以下で従業員などに販売した場合の原価に達するまでの費用は、交際費に該当しないと規定されていますが、会社では何も処理を行わなくてもいいのですか？

A 役員、従業員に常時支給される昼食代や自社の製品、商品等を原価以下で従業員などに販売した場合の原価に達するまでの費用は交際費にはなりませんが、役員、従業員に対する給与となり所得税の対象となるので、会社では所得税の源泉徴収が必要になります。

　なお、役員や従業員に支給する昼食代は、次の２つの要件をどちらも満

たしていれば、給与として課税されません。

① 役員や従業員が食事の価額の半分以上を負担していること

② 次の金額が1か月当たり3,500円（税抜き）以下であること

　　（食事の価額）－（役員や従業員が負担している金額）

たとえば、

・昼食代：月　7,000円（税抜き）　役員、従業員負担分：月　3,500円

・昼食代：月16,000円（税抜き）　役員、従業員負担分：月12,500円

などのケースは上記の2つの要件を満たすので、役員、従業員に対する給与にはなりません。もちろん会社側でも交際費になることはありません。

Q 「渡切交際費」とは

「渡切交際費」という言葉を聞きますが、どのようなものをいうのでしょうか？　また、この「渡切交際費」は法人税ではどのように処理されますか？

A

「渡切交際費」とは、会社が、役員、従業員に対し「機密費、接待費、交際費、旅費等の名義で支出したもののうち、その法人の業務のために使用したことが明らかでないもの（たとえば、業務との関連が希薄な同業者との飲食などや、役員または従業員が個人的に消費したなど）」はその役員または従業員の給与になります（役員に対する給与は後述する「定期同額給与」に該当しない場合には、損金不算入となります）。

また、「渡切交際費」のうちその費途が明らかでない部分の金額は、会社の損金とは認められず損金不算入となります（法基通9－7－20）。

さらに、相当の理由がなく、その相手方の氏名、名称、住所等を帳簿書類に記載せず秘匿するものについては「使途秘匿金」課税の対象となります。

なお、「渡切交際費」として支出された金額であっても、その法人の業務のために使用した交際費、旅費などで後日領収書などで精算されたもの

は、交際費、旅費などで処理することができます。

> （費途不明の交際費等）
> **法基通9-7-20**　法人が交際費、機密費、接待費等の名義をもって支出した金銭でその費途が明らかでないものは、損金の額に算入しない。

6. 売上割戻し等との区分

以下の「売上割戻し等」に該当するものは交際費等には含まれません。

① 法人がその得意先である事業者に対し、売上高もしくは売掛金の回収高に比例して、または売上高の一定額ごとに金銭で支出する売上割戻しの費用およびこれらの基準のほか得意先の営業地域の特殊事業、協力度合い等を勘案して金銭で支出する費用[*]

② 法人が上記の「売上割戻し」と同様の基準により、得意先である事業者において棚卸資産もしくは固定資産として、販売もしくは使用することが明らかな物品（事業用資産）、または少額（おおむね3,000円以下）の物品を交付するための費用

[*] 「得意先である事業者に対し金銭を支出する」とは、得意先である会社（または個人事業者）に対し直接金銭を交付することをいうので、相手の会社（または個人事業者）はその金額を収益に計上する必要があります。

> **Q** **地域により「売上割戻し」の率を変えた場合**
>
> 　当社では得意先に対して売上高に応じて売上割戻しを金銭により支払っています。ところで、地域によっては同業のライバルとの競争が激しく価額競争に巻き込まれています。当社ではこのような地域の販売店を支援するため、通常の売上割戻しの3割増しで売上割戻しを支払いたいと思っています。
>
> 　このように得意先によって売上割戻しの率に差をつけても、交際費などにしなくてもよいでしょうか？

║ **A** ║ 得意先である事業者に対し、売上高もしくは売掛金の回収高に比例して、または売上高の一定額ごとに金銭で支出する売上割戻しの費用は交際費に該当しませんが、これらの基準のほか得意先の営業地域の特殊事業、協力度合い等を勘案し、売上割戻しの率を変えて支払うことも認められています。

御社のケースでも、同業のライバルとの競争が激しく価額競争に巻き込まれている販売店を救済するという合理的な理由がありますので、交際費とはなりません。

> **Q** 「売上割戻し」と同一の基準により旅行、観劇等に招待する費用
>
> 当社では得意先に対して売上高に応じてショーケースやレジスターなどの備品（事業用資産）を交付してきましたが、物が豊かになり、またお店の好みもあるため、あまり喜ばれなくなってきました。そこで、従来の売上割戻しの基準と同様に、家電品やゴルフクラブなどのレジャー用品、または、旅行や観劇に招待する方式に変更しようと考えています。
>
> このような方法でも売上高に応じて行っていれば、通常の売上割戻しと同様に取り扱うことができますか？

║ **A** ║ 法人が売上高もしくは売掛金の回収高に比例して、または売上高の一定額ごとに、得意先である事業者において棚卸資産もしくは固定資産として、販売もしくは使用することが明らかな物品（事業用資産）、または少額（おおむね3,000円以下）の物品を交付するための費用は、交際費に該当せず、売上割戻しとして処理することができますが、3,000円を超える家電品やゴルフクラブなどのレジャー用品を交付する費用や、旅行、観劇に招待する費用は、売上割戻しとは認められず交際費に該当します。

7. 現地案内費、得意先に製造工場を見学させる費用等との区分

次のような費用は交際費には該当しません。

① 不動産業者が一般の顧客を現地に案内する場合の交通費、食事、宿泊のための費用

② 旅行あっせん業者が団体旅行のあっせんに当たって団体の責任者等を事前に旅行予定地へ案内する場合の交通費、食事、宿泊のための費用

③ 新製品、季節商品の展示会等に得意先等を招待する場合の交通費、食事、宿泊のための費用

④ 自社製品または取扱商品に関する商品知識の普及等のため、得意先等にその製造工場等を見学させる場合の交通費、食事、宿泊のための費用

Q 展示会に得意先を招待する費用

当社は京都で呉服の卸売および小売業を営んでいます。当社では年1回、得意先の販売店および優良個人顧客を招待し、新作の発表を兼ねて展示会（大商談）を京都のホテルで行っています。この展示会（大商談）に多くの方がご出席いただけるように、遠方のお客様には往復の交通費と宿泊代も当社が負担しています。また、翌日にご希望の方には観光バスをチャーターし、京都の寺院巡りを楽しんでいただいております。これら展示会（大商談）などに要する費用の処理について教えてください。

A 御社が開催した「展示会（大商談）」の費用は、新製品、季節商品の展示会等に得意先等を招待する場合の交通費、食事、宿泊のための費用に該当します。

御社が支出した費用のうち、ホテルでの展示会（大商談）の会場費、お

よび遠方のお客様に対する交通費、宿泊代は交際費には該当しません（「広告宣伝費」や「販売促進費」などで処理ができます）。

　ただし、観光バスをチャーターしての京都の寺院巡りの費用は、得意先に対する接待、供応に該当するので交際費になります。

> **Q** **得意先等に製造工場を見学させる費用**
> 　当社は東京に本社があるメーカーですが、製造工場は東北地方の某市にあります。当社ではしばしばお客様に自社製品をよりご理解いただくために、製造工場を見学していただいています。その際には、当製造工場の近くに有名な温泉があるので、そこで 1 泊していただき、夜はささやかな宴会でお客様との懇親を深めています。このような往復の交通費や宿泊代などは、どのように処理すればいいでしょうか？

　A　御社が得意先に製造工場を見学させる費用は、自社製品または取扱商品に関する商品知識の普及等のため、得意先等にその製造工場等を見学させる場合の交通費、食事、宿泊のための費用に該当するので、交際費にはなりません（「広告宣伝費」や「販売促進費」などで処理ができます）。

　ただし、夜の宴会の費用は、得意先に対する接待、供応に該当するので交際費になります。

8. 雑費等との区分

　次のような費用は、交際費には該当しません。

①　取引先に対する災害見舞金等

　　法人がその得意先等の取引先に対し、被災前の取引関係の維持、回復を目的として災害後相当期間内にその取引先に対して行った災害見舞金、事業用資産の供与、役務提供のために要した費用

②　災害の場合の取引先に対する売掛債権の免除等

　　法人が災害を受けた得意先等の取引先に対し、その復旧を支援することを目的として災害後相当期間内に売掛金、未収金、貸付金などの全部または一部を免除したことによる損失の額

③　自社製品等の被災者に対する提供

　　法人が不特定または多数の被災者を救援するために緊急的に行う自社製品等の提供に要する費用

Q　取引先に対する災害見舞金および売掛債権の免除

　先般、某地域を襲った大地震で当社の得意先である工場が倒壊し、かなりの損害を受けました。幸い従業員などに怪我をされた方はいなかったのですが、工場の復旧には相当の時間を要するようです。当社では災害見舞金として10万円お渡しするとともに、その復旧を支援することを目的として現在の売掛金残高約100万円を免除する予定です。

　この災害見舞金および売掛金の免除は得意先に対する交際費や寄附金になりますか?

A　御社が支出した災害見舞金および売掛金の免除は、得意先等の取引先に対して行った災害見舞金、事業用資産の供与、役務提供のために要した費用、および災害を受けた得意先等の取引先に対し、その復旧を支援することを目的として災害後相当期間内に売掛金、未収金、貸付金などの全部または一部を免除したことによる損失の額に該当するので、交際費や寄附金には該当しません(「雑費」や「雑損失」などで処理することができます)。

> **Q 自社製品を被災者に提供する費用**
>
> 当社は食料品を製造するメーカーですが、先般、某地域を襲った大地震の被災者の方に当社の製品である食料品をお配りしたいと考えています。
>
> また、聞くところによると現地では医薬品や衣料品も不足しているとのことですので、これらの物品は当社で購入し、被災者の方へ提供したいと思います。
>
> このような自社製品の提供および被災者の方向けに医薬品や衣料品を購入した費用は、交際費や寄附金として取り扱われますか？

A 自社製品の提供および被災者の方向けに医薬品や衣料品を購入した費用は、法人が不特定または多数の被災者を救援するために緊急的に行う自社製品等の提供に要する費用に該当し、交際費や寄附金にはなりません（「雑費」などで処理することができます）。

この取扱いは、自社製品の提供はもちろん、御社のケースのように医薬品や衣料品を外部から購入した費用も該当します。

5 1人当たり5,000円以下の飲食費

損金不算入となる交際費等の範囲から、1人当たり5,000円以下の飲食費（専らその法人の役員もしくは従業員またはこれらの親族に対する接待等のためにする支出するものを除きます）が除外され、損金算入が認められています。

なお、飲食その他これに類する行為（以下、「飲食等」といいます）には、得意先、仕入先等社外の者に対する接待、供応の際の飲食のほか、たとえば、得意先、仕入先等の業務の遂行や行事の開催に際して、得意先、仕入先等の従

業員等によって飲食されることが想定される弁当等の差入れが含まれます。

また、たとえば、お中元、お歳暮の贈答のように、単なる飲食物の詰め合わせ等を贈答する行為は、飲食等に含まれません。ただし、接待、供応の際の飲食に付随して支出した費用については、その飲食等に要する費用に含めることができます。

損金算入の適用を受けるためには、領収書や請求書のほかに、以下の事項を記載した書類を保存していることが条件とされます。

① 　その飲食等があった年月日

② 　その飲食等に参加した得意先、仕入先その他事業に関係ある者等の氏名または名称およびその関係

③ 　その飲食等に参加した人数

④ 　その費用の金額並びにその飲食店、料理店等の名称およびその所在地

　　（注）　店舗を有しないことその他の理由によりその名称または所在地が明らかでないときは、領収書等に記載された支払先の氏名もしくは名称、住所もしくは居所または本店もしくは主たる事務所の所在地が記載事項となります。

⑤ 　その他参考となるべき事項

交際費等の範囲から除かれる飲食費は、次の算式で計算した1人当たりの金額が5,000円以下の費用が対象になります。

飲食等のために要する費用として支出する金額	÷	飲食等に参加した者の数	=	1人当たりの金額

また、「1人当たりの金額」が5,000円以下であるかどうかの判定は、消費税の経理方法が税抜経理方式の場合は税抜額、税込経理方式の場合は税込額で判定します。

なお、上記の結果、1人当たりの飲食費の金額が5,000円を超える場合には、5,000円を超える部分の金額ではなく、その飲食等のために要する費用として支出する全額が交際費等の範囲から除かれる飲食費に該当しないことになります。

「1 人当たりの金額」が 5,000 円を超えた場合には、接待飲食費には該当するので、接待飲食費の 50% 損金算入の適用対象になります。

Q 資本金 1 億円超の会社でも利用できるか

当社は資本金 1 億円を超えていますが、「1 人当たり 5,000 円以下の飲食費」は利用することができますか？

A 「1 人当たり 5,000 円以下の飲食費」は、資本金 1 億円以下の中小法人に限定している規定ではなく、資本金 1 億円超の法人を含めてすべての法人で使うことができます。税制改正により、資本金 1 億円超の法人についても接待飲食費の 50% は損金算入できますが、この「1 人当たり 5,000 円以下の飲食費」に該当した支出は全額損金にすることができます。

Q 同一の会社だけでの飲食

「1 人当たり 5,000 円以下の飲食費」は同一の会社の役員、従業員だけの飲食も認められますか？　また、子会社や関連会社の役員や従業員と飲食した場合はどうでしょうか？

A 「1 人当たり 5,000 円以下の飲食費」の対象から、「専らその法人の役員若しくは従業員またはこれらの親族に対する接待等のためにする支出」は除かれているので、同一の会社の役員、従業員だけの飲食（社内飲食費）は認められません。

「1 人当たり 5,000 円以下の飲食費」に該当するためには、少なくとも 1 人以上他の会社の方が入っている必要があります。この場合、他の会社には、子会社（連結子会社を含みます）や関連会社なども含まれます。

Q **お酒を飲むことも認められるか**

得意先との商談や打合せの飲食費である「会議費」は、乾杯程度のお酒を除き、酒肴の席は認められないそうですが、この「1人当たり 5,000 円以下の飲食費」は居酒屋などお酒を伴う店でも認められますか？

A ご指摘のように、得意先との商談や打合せの飲食費である「会議費」は、乾杯程度のお酒を除き、酒肴の席は認められませんが、「1人当たり 5,000 円以下の飲食費」は居酒屋などお酒を伴う店でも適用されます。むしろこの「1人当たり 5,000 円以下の飲食費」は、接待の一環としてお酒を飲むことを想定して作られています（制度の趣旨としては、少額の接待まで課税しないということです）。

Q **得意先社員旅行へのお弁当などの差入れ**

得意先の会社がバス 2 台で社員旅行を行うそうです。当社では日頃のご愛顧に感謝し、行きのバスで得意先の従業員の方に食べていただくお弁当とお酒、ジュースなどを差入れしようと考えています。この費用は 1 人当たり 5,000 円以下の飲食費に収まりますが、このような差入れも「1 人当たり 5,000 円以下の飲食費」に該当し、交際費から除外することができますか？

A 「1人当たり 5,000 円以下の飲食費」には、得意先、仕入先等社外の者に対する接待、供応の際の飲食のほか、得意先、仕入先等の業務の遂行や行事の開催に際して、得意先、仕入先等の従業員等によって飲食されることが想定される弁当等の差入れが含まれます。

よって、御社が得意先社員旅行に差し入れる弁当、飲み物も対象になる

ので、交際費から除外できます。

Q お歳暮などに飲食物の詰め合わせを贈った場合
お歳暮にお客様の会社に「蟹の缶詰セット」をお贈りしました。
この費用は 5,000 円で、「蟹の缶詰セット」はお客様の役員や従業員
の方が召し上がると思います。この費用も「1 人当たり 5,000 円以
下の飲食費」に該当し、交際費から除外することができますか？

A 「1 人当たり 5,000 円以下の飲食費」の対象になるのは、得意先、
仕入先等の業務の遂行や行事の開催に際して、得意先、仕入先
等の従業員等によって飲食されることが想定される弁当等の差入れにな
り、お中元、お歳暮の贈答のように、単なる飲食物の詰合せ等を贈答する
行為は含まれません。

よって、御社がお歳暮に贈った「蟹の缶詰セット」の費用は、交際費に
該当します。

Q 飲食に付随する「お土産代」の処理について
たとえば中華料理を食べに行った際の「中華まん」などのお土
産代はどのように処理されますか？

A 中華料理を食べに行った際の「中華まん」などのお土産代は、
その飲食等に要する費用に含めることもできますし、含めない
こともできます。

〈例 1〉 1 人当たりの飲食費：5,000 円　お土産代：2,000 円

〈例 2〉 1 人当たりの飲食費：4,000 円　お土産代：1,000 円

〈例 1〉のケースでは、飲食費の 5,000 円は「1 人当たり 5,000 円以下の

飲食費」で処理し、お土産代の2,000円は通常の交際費になります（ただし、お土産代の2,000円は接待飲食費の50%損金算入の適用対象になります）。

〈例2〉のケースでは、お土産代を含んでも5,000円なので、全体が「1人当たり5,000円以下の飲食費」に該当します。

Q ┃ 1人当たりの飲食費が7,000円の場合

1人当たりの飲食費が7,000円かかってしまった場合、5,000円を超過する2,000円が損金不算入の交際費になりますか？

A ┃ 交際費等の範囲から除かれる飲食費は、次の算式で計算した1人当たりの金額が5,000円以下の費用が対象になります。

飲食等のために要する費用として支出する金額	÷	飲食等に参加した者の数	＝	1人当たりの金額

　なお、上記の結果、1人当たりの飲食費の金額5,000円を超える場合には、5,000円を超える部分の金額ではなく、その飲食等のために要する費用として支出する全額が交際費等の範囲から除かれる飲食費に該当しないことになります。

　仮に、1人当たりの飲食費が7,000円かかってしまった場合、5,000円を超過する2,000円が損金不算入の交際費になるのではなく、7,000円全額が交際費等の範囲から除かれる飲食費に該当しないことになります。

　ただし、これらの支出は接待飲食費の50%損金算入の適用対象を受けることができます。

Q 消費税の経理処理との関係

消費税の経理処理である「税抜経理方式」と「税込経理方式」では、この「1 人当たり 5,000 円以下の飲食費」の処理に違いがありますか？

A

「1 人当たりの金額」が 5,000 円以下であるかどうかの判定は、消費税の経理方法が「税抜経理方式」の場合は税抜額、「税込経理方式」の場合は税込額で判定します。

したがって、「税抜経理方式」は仮払消費税が抜かれるため、1 人当たり 5,500 円（10％ の場合）の飲食費まで認められますが、「税込経理方式」の場合は消費税を含んで仕訳されるので、1 人当たりジャスト 5,000 円までの飲食費までしか認められません。

Q 「1 人当たり 5,000 円以下の飲食費」の適用要件

損金不算入となる交際費から除外できる「1 人当たり 5,000 円以下の飲食費」の適用を受けるためには、どのような要件がありますか？

A

損金不算入となる交際費から除外できる「1 人当たり 5,000 円以下の飲食費」の適用を受けるためには、領収書や請求書のほかに、以下の事項を記載した書類を保存していることが条件とされます。

① その飲食等があった年月日

② その飲食等に参加した得意先、仕入先その他事業に関係ある者等の氏名または名称およびその関係

③ その飲食等に参加した人数

④ その費用の金額ならびにその飲食店、料理店等の名称およびその所在地

　飲食店の領収書には、「①その飲食等があった年月日」、「④その費用の金額ならびにその飲食店、料理店等の名称およびその所在地」は記載されているのが普通ですから、「②その飲食等に参加した得意先、仕入先その他事業に関係ある者等の氏名または名称およびその関係」、および「③その飲食等に参加した人数」を手書きで記載すればその要件を満たします。

　また、「稟議書」や「経費精算書」などに領収書を添付のうえ、これらの要件を記載するのも良い方法です。

> **Q** 「1 人当たり 5,000 円以下の飲食費」の会計処理について
> 「1 人当たり 5,000 円以下の飲食費」の支出があった場合、会計処理はどの勘定科目で仕訳されますか？

A　「1 人当たり 5,000 円以下の飲食費」を損金不算入の交際費等から除外するのは法人税上の処理なので、会計上は「交際費」勘定で処理するのが一般的だと思います。

　法人税上の処理は、法人税申告書別表 15（交際費等の損金算入に関する明細書）で行いますので、仕訳の際に「少額交際費」という科目を設けたり、「交際費」勘定の中に「5,000 円以下飲食費」などの補助科目を設けて管理されるといいでしょう。

〈例〉支出交際費等 1,500 万円、うち 1 人当たり 5,000 円以下の飲食費 300
　　万円、接待飲食費 500 万円の法人税申告書別表 15（交際費等の損金不
　　算入に関する明細書）の記載方法
　　（資本金 1 億円超の場合）

① 交際費等の損金算入に関する明細書

| 事業年度 | ・ ・
・ ・ | 法人名 | |

支出交際費等の額の計 (8の計)	1	円 12,000,000	損金算入限度額 (2)又は(3)	4	円 2,500,000
支出接待飲食費損金算入基準額 (9の計)×$\frac{50}{100}$	2	2,500,000	損金不算入額 (1)-(4)	5	9,500,000
中小法人等の定額控除限度額 (1)の金額又は800万円×$\frac{}{12}$ 相当額のうち少ない金額	3				

支 出 交 際 費 等 の 額 の 明 細

科　　　目	支　　出　　額	交際費等の額から 控除される費用の額	差引交際費等の額	(8)のうち接待 飲 食 費 の 額
	6	7	8	9
交　　際　　費	円 15,000,000	円 3,000,000	円 12,000,000	円 5,000,000

「二次会」の費用について

お客様と二次会に行った場合にも、「1人当たり5,000円以下の飲食費」の適用はありますか?

A 一次会と二次会など連続した飲食の行為が行われた場合には、それぞれの行為が単独して行われていると認められるときは、一次会、二次会ごとに「1人当たり5,000円以下の飲食費」の判断を行うことができます。

この取扱いは、たとえば一次会が中華料理、二次会はショットバーなど別の業態の飲食店で行っている場合は認められますが、一次会も二次会も居酒屋でなど、同一の業態の飲食店で行った場合や、一回精算して同じ店を利用するなど単に飲食費用を分割しただけと認められる場合には、認め

られません。

 ゴルフ場での飲食など
ゴルフ、観劇、旅行などに際しての飲食費はどのように取り扱われますか？

 ゴルフプレー中の昼食やプレー終了後の食事代などや観劇、旅行などに際しての飲食費は、たとえ領収書を別会計にしても「1人当たり 5,000 円以下の飲食費」には該当しません。

これは、得意先をゴルフ、観劇、旅行などに招待することが主目的で、飲食はその行為の一連であり、付随行為とされます。よって、不可分の一体行為とされ、飲食費を含め全額が、損金不算入の対象となる交際費になります。

ただし、ゴルフ、観劇、旅行などが完全に終了した後、一部の得意先とまったく別の場所で改めて飲食したような場合には、ゴルフ、観劇、旅行などの接待と切り離し「1 人当たり 5,000 円以下の飲食費」の対象となります。

 同業者団体の懇親会参加費
当社の社員数名が同業者団体の懇親会に参加しました。懇親会の会費は 5,000 円ですが、参加人数も多数で、料理はバイキング形式で飲み物もフリードリンク制でしたので、飲食費の総額は当社ではわかりません。1 人当たりの参加費が 5,000 円なので、「1 人当たり 5,000 円以下の飲食費」で処理しようと考えていますが、このような処理で問題ありませんか？

 御社が参加した同業者団体の懇親会などは、主催者から飲食費の総額の会計報告などが無いのが一般的なので、参加した会社

では 1 人当たりの飲食費が計算できないのが実情です。

　ところで、通達には、「ただし、分担又は負担した法人側に当該費用の総額の通知がなく、かつ、当該飲食等に要する 1 人当たりの費用の金額がおおむね 5,000 円程度に止まると想定される場合には、当該分担又は負担した金額をもって判定して差し支えない（措通 61 の 4(1) − 23（注））」と規定しています。御社のケースでも 1 人当たりの会費 5,000 円と判定することができるので、今回の支出は「1 人当たり 5,000 円以下の飲食費」として処理することができます。

第4章

寄附金課税

1 寄附金の範囲と法人税法上の取扱い

　法人税法上では、法人が支出した寄附金のうち原則として一定額を超える部分の金額は損金の額に算入されないことになっています。

　また、法人税法上、寄附金とは法人が行った金銭その他の資産の贈与または経済的な利益の無償の供与等をいい、社会通念上の寄附金の概念よりもその範囲は広くなっています。

　寄附金の損金算入限度額は、法人の支出する寄附金について区分に応じて次のように定められています。

① 　国または地方公共団体に対する寄附金（「国等に対する寄附金」といいます）は原則として全額損金の額に算入されます。

② 　公益法人等に対する寄附金で、公益のための一定の要件を満たすものとして財務大臣が指定した寄附金（「指定寄附金」といいます）は、原則として全額損金の額に算入されます。

③ 　特定公益増進法人、認定特定非営利活動法人、仮認定特定非営利活動法人および特定地域雇用会社に対する寄附金は、その支出額と特別損金算入限度額のいずれか低い金額までが一般の寄附金とは別枠で損金の額に算入されます。

④　その他の寄附金は、その支出額の合計額と損金算入限度額のいずれか低い金額までが損金の額に算入されます。また、内国法人で親会社と子会社の間に 100% 資本関係がある場合や「外国法人の子会社」に対する寄附金には別の取扱いがあります（67 頁 Q&A 参照）。

2 寄附金の特別損金算入限度額と損金算入限度額（普通法人、協同組合等、人格のない社団等の場合）

(1)　特定公益増進法人、認定特定非営利活動法人、仮認定特定非営利活動法人および特定地域雇用会社に対する寄附金の特別損金算入限度額は以下のとおりです。

①　資本基準額

$$（期末資本金額＋期末資本積立金額）\times \frac{当期の月数}{12} \times \frac{3.75}{1,000}$$

②　所得基準額

$$（法人税申告書別表 4 仮計＋支出寄附金）\times \frac{6.25}{100}$$

③　損金算入限度額

$$\{①＋②\} \times 1/2$$

(2)　一般の寄附金に対する損金算入限度額は以下のとおりです。

①　資本基準額

$$（期末資本金額＋期末資本積立金額）\times \frac{当期の月数}{12} \times \frac{2.5}{1,000}$$

②　所得基準額

$$（法人税申告表別表 4 仮計＋支出寄附金）\times \frac{2.5}{100}$$

③　損金算入限度額

$$\{①+②\} \quad × \quad 1/4$$

Q 地方公共団体に対する寄附金

当社は会社創業以来Ａ市で営業をしています。お陰さまで今年創業50周年の節目を迎えますが、記念事業の一環としてＡ市およびＡ市立の小学校のお役に立てていただこうと、100万円ずつ寄附をする予定です。このＡ市およびＡ市立の小学校に対する寄附金は、全額損金に算入することができますか？

A

御社が行うＡ市およびＡ市立の小学校に対する寄附金は、国または地方公共団体に対する寄附金に該当するので、全額損金の額に算入されます。

また、公益法人等に対する寄附金で、公益のための一定の要件を満たすものとして財務大臣が指定した寄附金も、全額損金の額に算入されます。

ただし、地方公共団体等に対する寄附金であっても、次の設問に該当する寄附金は、全額損金の対象になりませんのでご注意ください。

Q 工場誘致に伴う寄附金の取扱い

当社はＢ市より、Ｂ市の造成した工場団地への誘致を受けています。条件として土地代金は造成費用原価という低い価格にする代わり、道路や水道光熱設備など社会的インフラを整備するため一定の寄附金を支払うことが条件になっています。

会社が国や都道府県または市区町村に支出する「寄附金」は全額損金の額に算入されると聞きましたが、この寄附金も損金として処理ができますか？

A 都道府県または市区町村が産業振興や雇用確保のために工場団地などを造成し、積極的に工場誘致などを行う場合、条例等の定めによって寄附金や負担金の支払いを義務付けているケースがよくあります。

このような寄附金や負担金は、土地や建物の取得と「ひも付き」関係があるので、単純寄附金として損金に算入されるのではなく、実態に応じて土地や建物の取得価額に上乗せされます。

御社の場合もその寄附金を支払うことが工場進出の条件であり、会社が任意で支払う寄附金ではないようなので、土地、建物の取得価額になるものと思われます。

Q 特定公益増進法人とは

寄附金の範囲の中に「特定公益増進法人に対する寄附金」とありますが、特定公益増進法人とはどのような法人ですか?

A 特定公益増進法人とは、公共法人、公益法人等(一般社団法人および一般財団法人を除きます)その他特別の法律により設立された法人のうち、教育または科学の振興、文化の向上、社会福祉への貢献その他公益の増進に著しく寄与する次のような法人をいいます。

① 独立行政法人通則法第 2 条第 1 項に規定する独立行政法人

② 地方独立行政法人法第 2 条第 1 項に規定する地方独立行政法人で一定のもの

③ 自動車安全運転センター、日本赤十字社など

④ 公益社団法人および公益財団法人

⑤ 私立学校法第 3 条に規定する学校法人で一定のもの

⑥ 社会福祉法第 22 条に規定する社会福祉法人

⑦ 更生保護事業法第 2 条第 6 項に規定する更生保護法人

Q 社長の出身校に対する寄附金

当社社長の出身校が来年、開校100周年を迎えます。100周年記念事業として「多目的ホール」の建設が予定されており、その寄附金募集の案内が来ました。当社社長としてもそれなりの寄附に応じたい意向ですが、お陰さまで会社の業績も良いため、この寄附金を会社で負担することも検討しています。

このような寄附金は会社の寄附金と取り扱って問題ありませんか？当社とこの学校は社長の出身校というだけで、卒業生を受け入れるなどの関係はありません。

A

法人が支出する寄附金のうち、その法人の役員等が個人として負担すべきものであると認められる場合には、その負担すべき者（今回のケースでは社長）に対して法人が賞与として支給したものとして取り扱います。

御社のケースも社長の出身校という理由だけで会社が寄附するのであれば、その支出は社長の賞与として取り扱われ、会社の損金（費用）にならないばかりか、社長個人にも所得税、住民税が課税されます。

また、その学校の卒業生を受け入れるなど会社の業務に関連がある場合には、会社の寄附金として取り扱う余地もあると考えられます。

Q 政治家のパーティー券購入費用の取扱い

当社では、毎年「○○先生を励ます会」のパーティー券を購入しています。当社では地元政治家との付き合いも必要と考えており、そのパーティーに出席する場合もあるし、出席しない場合もあります。また、当社の取引先に差し上げることもあります。

このような政治家のパーティー券購入の費用はどのように処理すればいいでしょうか？

A 御社が購入した「○○先生を励ます会」などの政治家のパーティー券購入の費用は、一般的に「寄附金」に該当します。御社がその政治家と親しい関係にあり、会社の業務にも関係がある（たとえば、お客さんを紹介してくれるなど）場合には交際費になるでしょう。

また、御社が取引先に差し上げたパーティー券分は交際費に該当します。

Q 子会社を整理する場合の損失負担の取扱い

当社では、このたび業績の思わしくない子会社を整理する予定です。この子会社には多くの債権者がおり、また子会社の従業員をやむを得ず解雇するため、多額の退職金の原資が必要です。このような資金は赤字続きの子会社には手当することができないため、親会社である当社が負担せざるを得ない状況です。

このような子会社を整理する際に援助した資金は、子会社に対する「寄附金」として取り扱われますか？

A 法人がその子会社等の解散、経営権の譲渡等に伴い、その子会社等のため債務の引受け、その他損失の負担、または債務放棄などをした場合において、その負担損失等をしなければ今後より大きな損失をこうむることとなることが社会通念上明らかであると認められるため、やむを得ずその負担損失等に応じたと認められる場合には、その負担損失等により供与する経済的利益の額は「寄附金」には該当しません。

御社のケースも上記に該当するので、「寄附金」ではなく「子会社整理損」として全額損金（費用）に計上することができます。

親会社・子会社間の寄附金、国外関連者に対する寄附金
親会社・子会社間の寄附金の取扱いについて、その概要を教えてください。
　また、当社には海外子会社がありますが、海外子会社に対する寄附金はどのように取り扱われますか？

A 「グループ法人税制」によると、内国法人で親会社と子会社の間に 100% 資本関係がある場合には、寄附金の取扱いは、寄附した側では「損金不算入」、受け取った側では「益金不算入」になります。

　また、「子会社である外国法人」や「役員を兼務するなど実質支配関係にある外国法人」など国外関連者に対する寄附金は、その全額が損金不算入となります。

第 **5** 章

使途秘匿金課税

　法人が使途秘匿金の支出を行った場合には、通常の法人税のほかに、その使途秘匿金の支出額に対し、40％の特別税率による法人税を課税する制度が設けられています。

　使途秘匿金とは、法人が支出した金銭の支出（贈与、供与その他これらに類する目的のためにする金銭以外の資産の引渡しを含みます）のうち、その相手方の氏名または名称および住所または所在地ならびにその事由（相手方の氏名等）をその帳簿書類に記載していないものをいいます。

　ただし、次のものは使途秘匿金に含まれません。

① 　相手方の氏名等を帳簿書類に記載していないことに相当の理由があるもの

② 　資産の譲受けその他の取引の対価として支出されたもの（当該取引の対価として相当であると認められるものに限ります）であることが明らかなもの

「相手方の氏名等を帳簿書類に記載していないことに相当の理由があるもの」とは

　使途秘匿金から除かれている「相手方の氏名等を帳簿書類に記載していないことに相当の理由があるもの」とは具体的にどのようなものをいいますか？

A　使途秘匿金から除かれている「相手方の氏名等を帳簿書類に記載していないことに相当の理由があるもの」とは、具体的に以下のようなものをいいます。

①　カレンダー、手帳などの広告宣伝用物品等の贈与

②　小口の謝金の支払い（いわゆる儀礼の範囲）

　したがって、犯罪に問われる可能性があるとか、今後取引ができなくなるといった理由では、「相当の理由」があるとはいえません。

Q　**不特定多数の者からの仕入れ**

　当社は「リサイクルショップ」を営んでいます。お店では不特定多数の消費者から品物を買っており、その代金の支払いの際に原則として相手の住所、氏名を確認していません。

　このような代金の支払いは「使途秘匿金」に該当しますか？

A　「リサイクルショップ」など不特定多数の者からの小口の仕入等で、相手方の氏名等を確認しないことが取引慣行となっている場合でも、その支払いは商品の仕入代金であり、「資産の譲受けその他の取引の対価として支出されたものであることが明らかなもの」に該当するので、使途秘匿金にはなりません。

　ただし、その取引の対価として相当と認められるものに限るので、不相当に高額の場合には時価との差額が「使途秘匿金」として取り扱われます。

第6章

貸倒損失

　法人の有する売掛金等の債権が、債務者の資力喪失等により回収不能（貸倒れ）となった場合には、その債権の額は、貸倒損失として課税所得の計算上、貸倒れとなった日の属する事業年度の損金の額に算入されます。

　税務上、この貸倒れは次のように区分できます。

- 債権の全部または一部が法的手続により切り捨てられた場合（「法律上の貸倒れ」といいます）
- 債権の全額が債務者の資産状況、支払能力等からみて経済的に無価値となり回収不能となった場合（「事実上の貸倒れ」といいます）
- 売掛金等に限り、債務者との取引を停止して1年以上経過した場合等（「形式上の貸倒れ」といいます）

　なお、「法律上の貸倒れ」は、法人の経理のいかんを問わず損金の額に算入されますが、「事実上の貸倒れ」と「形式上の貸倒れ」については、法人が貸倒損失として損金経理したときに限り損金の額に算入されることとなっています。

Q　得意先が「民事再生法の申立て」を行った場合

当社が売掛金を有する得意先が「民事再生法の申立て」を行いました。過去の民事再生法を見ますとほとんど売掛金が回収されていませんが、この民事再生法の申立て時に「貸倒損失」を計上することは可能ですか？

A　売掛金を有する得意先が「民事再生法の申立て」をしただけでは、残念ながら法人税では「貸倒損失」を計上することができません。ただし、「民事再生法の規定による再生手続開始の申立て」「会社更生法の規定による更生手続開始の申立て」「破産法の規定による破産手続開始の申立て」「会社法の規定による特別清算開始の申立て」、また、「手形交換所による取引停止処分（不渡りを2回した場合）」は、その売掛金等の50％は「貸倒引当金」を計上することができます（資本金1億円以下の場合）。

なお、「貸倒引当金繰入額」が資本金1億円以下の会社、銀行、保険会社などを除き損金の額に算入することはできません。

Q　民事再生計画認可の決定があった場合

当社はA社に対し売掛金1,000万円を有しています。A社は数年前に「民事再生法の申立て」を行っていましたが、このたび再生計画認可の決定があり、この決定により当社の売掛金の95％（950万円）がカットされました。当社では、「民事再生法の規定による再生手続開始の申立て時」に売掛金の50％を「貸倒引当金」に計上しましたが、今回はどのような処理を行えばいいでしょうか？

A　会社更生法の規定による更生計画認可の決定、民事再生法の規定による再生計画認可の決定などにより切り捨てられることと

なった部分の金額（今回の御社のケースでは 950 万円）は、「貸倒損失」に計上することができます（これを「法律上の貸倒れ」といいます）。なお、「民事再生法の規定による再生手続開始の申立て時」に売掛金の 50％ を「貸倒引当金」に計上済みとのことですが、この「貸倒引当金」は「貸倒引当金戻入」として取崩し益金（収益）に計上する必要があります。

Q　取引停止 1 年以上経過の場合

当社は A 社に対し売掛金 100 万円を有しています。A 社とは数年前から継続的に取引をしていましたが、半年前から売掛金の入金がなく督促しても支払いがありません。聞くところによると、継続取引をしていた会社から売掛金の支払いが一定期間ない場合には「貸倒損失」を計上できるそうですが、当社でも可能でしょうか？

A　債務者との取引を停止した時（最後の弁済期など）から 1 年以上経過した場合には、その売掛金などは「貸倒損失」として処理することができますが、御社のように取引停止期間が 6 か月の場合にはこの規定の要件を満たしませんので、「貸倒損失」を計上することはできません。取引停止の期間が 1 年になった時点で「貸倒損失」を計上することができます。

Q　同一地域の売掛金が取立て費用に満たない場合

当社は東京にある会社ですが、たまたま北海道の会社と取引を行い売掛金が 10 万円あります。この会社は何度督促をしても売掛金の支払いがなく困っています。通常の営業は行っているので営業マンなどが現地に行けば支払ってくれそうですが、10 万円の売掛金の回収に人を派遣すると人件費や交通費で足が出てしまいます。
　このような売掛金はどのように処理すればいいでしょうか？

A　御社のケースのように同一地域の債務者について有する売掛債権の総額が、その取立てのために要する旅費その他の費用に満たない場合において、その債務者に対して督促したにもかかわらず弁済がない場合には「貸倒損失」を計上することができます。

　また、この債権は「貸倒損失」の処理を行っても法律的に消えませんので、「貸倒損失」で処理した後にも、北海道に仕事ができたついでなどに回収することも可能です。

第 **7** 章

役員給与等人件費の取扱い

1 役員の範囲

　給与は支給される給与の種類（給与、退職給与）と、支給を受ける者が役員か使用人かにより、税法上の取扱いが異なります。

　法人税法上、役員とは、次に掲げる者をいいます。

1. 通常の役員

① 取締役、執行役[*]、会計参与、監査役、理事、監事、清算人

② 法人の使用人（職制上使用人としての地位のみを有する者に限られます）以外の者で、その法人の経営に従事している者

（*）　委員会設置会社において取締役会で選任された執行役は役員になります。

　通常の執行役員は、会社法の役員ではなく、執行役員は業務執行に係る責任は負っていますが、取締役会より委任を受けた範囲内での日常業務における管理者であり、経営に従事しているとは認められませんので、法人税法上では使用人になります。

Q 使用人以外で経営に従事している者とは

役員の範囲に、「法人の使用人以外の者で、その法人の経営に従事している者」とありますが、具体的にはどうような肩書きの方をいいますか？　また、一般の従業員が「経営戦略室長」になり会社の経営の一端を任されている場合にも、法人税法では役員になりますか？

A 法人の使用人以外の者で、その法人の経営に従事している者とは、「相談役」、「顧問」、「参与」などの肩書きで、その法人内における地位、その行う職務などからみて他の役員と同様に実質的に法人の経営に従事している方をいいます。

逆に、「経営戦略室長」「営業所長」「支配人」など、使用人としての職制上の地位のみを有する者は、たとえ経営の一端を担っている場合でも法人税法上の役員になることはありません。

Q 「執行役員」「取締執行役員」の取扱い

当社には、数名の「執行役員」「取締執行役員」がおりますが、これらの者は法人税法上の役員になりますか？

A 通常の執行役員は、会社法の役員ではなく、執行役員は業務執行に係る責任は負っていますが、取締役会より委任を受けた範囲内での日常業務における管理者であり、経営に従事しているとは認められませんので、法人税法では使用人になります。

取締役執行役員は「取締役」の肩書きで役員に該当します。ただし、後述する「使用人兼務役員」には該当します。

2. みなし役員

同族会社の使用人のうち、一定の持株要件を満たしている者で、その法人の経営に従事している者は役員とみなされます。

> **Q** 家族従業員について
>
> 私は、ある同族会社の社長をしており、この会社の株式はすべて私と妻、そして会社で働いている息子が所有しています。ところで、妻は「経理部長」として、息子は「営業部長」として一般の従業員と同様に働いていますが、妻や息子も役員とみなされ賞与などに制限を受けますか?

A 後述しますが、法人税法では役員に該当すると賞与が原則として損金に算入されないなど、一般の従業員とは異なる取扱いになります。

御社のように社長の妻やお子様など親族が同族会社の使用人に該当し、会社の株を親族で一定の割合以上所有し(今回の100%所有はこの規定に該当します)、かつ、その法人の経営に従事している者は役員とみなされます。

あなたの奥様やお子様が単に「経理部長」や「営業部長」の仕事のみを行っている場合には役員とみなされませんが、取締役会に出席するなど会社の重大事項の決定を行っている場合には、法人の経営に従事していると認められ役員とみなされます。

2 使用人兼務役員

「使用人兼務役員」とは、役員のうち部長、課長その他法人の使用人としての職制上の地位を有し、かつ常時使用人としての職務に従事している者をいいますが、次に掲げる役員は使用人兼務役員から除かれます。

①　社長、理事長、代表取締役、代表執行役、代表理事および精算人

②　副社長、専務、常務その他これらに準ずる職制上の地位を有する役員

　　なお、ここでいう職制上の地位を有する役員とは、定款等の規定または総会もしくは取締役会の決議等によりその職制上の地位が付与された役員をいうものとされています。

③　合名会社、合資会社および合同会社の業務を執行する社員

④　会計参与、監査役および監事ほか

⑤　①から④までに掲げる者のほか、同族会社の役員のうち、一定の持株要件を満たしている者

　使用人兼務役員の使用人分賞与については、次の要件に該当する場合に限って損金の額に算入されます。

　なお、以下の(b)の要件が該当しない場合、すなわち適正であると認められる金額を超えて賞与が支給されている場合には、その超える部分の金額は損金の額に算入されないことになります（「事前確定届出給与」〔後述〕に該当する場合を除きます）。

(a)　他の使用人と同じ支給時期に支給すること

(b)　他の使用人の賞与の額に比較して適正であると認められる金額であること

> **Q** 「使用人兼務役員」になれる人、なれない人
> 　「使用人兼務役員」とは具体的にはどのような肩書きの人をいいますか？　また「取締役経理担当」や「専務取締役営業部長」も使用人兼務役員と認められますか？

A 「使用人兼務役員」とは、たとえば「取締役営業部長」、「取締役経理部長」、「取締役工場長」、「取締役執行役員」のように、法人の使用人としての職制上の地位を有し、かつ常時使用人としての職務に従事している者をいいます。

「取締役経理担当」や「取締役営業担当」などは、法人の使用人としての職制上の地位を有していないので、「使用人兼務役員」にはなれません。

また、「使用人兼務役員」になれるのは「平取締役」に限定されており、「代表取締役」、「専務取締役」、「常務取締役」などの「役付取締役」は法人税法上の「使用人兼務役員」には該当しません。

> **Q 名刺上だけの肩書きの場合**
>
> 当社は零細企業のため、本来は「取締役営業部長」の者に「取締役 副社長」の肩書きの名刺を持たせ営業を行っています。このような名刺上だけの肩書きでも「使用人兼務役員」にはなれませんか？

A 使用人兼務役員から除外されるのは、定款等の規定または総会もしくは取締役会の決議等により副社長、専務取締役などとしての職制上の地位が付与された役員をいうものとされています。

御社のように名刺上だけ「取締役 副社長」の肩書きを使用するなど「社内呼称」で使用している場合には、「使用人兼務役員」から除外されることはありません。

> **Q 同族会社における「使用人兼務役員」の制限**
>
> 私は、ある同族会社の社長で、会社の株式はすべて私と妻と息子が所有しています。ところで、妻は「取締役経理部長」として、息子は「取締役営業部長」として使用人兼務役員とし、使用人分賞与を損金にしたいと考えていますが、このような処理は認められますか？

A 御社のような同族会社に該当し、社長の親族である奥様やお子様が会社の株を一定の割合以上所有（今回の100％所有はこの規定に該当します）している場合には、社長の親族である奥様やお子様は法人税法上の使用人兼務役員にはなれません。

御社のケースでも奥様やお子様は法人税法上の使用人兼務役員には該当せず、使用人分賞与を損金とすることはできません（「事前確定届出給与」〔後述〕に該当する場合を除きます）。

Q 「使用人兼務役員」の使用人分賞与を支給する際の注意点
当社の「使用人兼務役員」に使用人分賞与を支給しますが、損金に算入するにはどのような点を注意すればよいでしょうか？

A 「使用人兼務役員」に対する使用人分賞与を損金に算入するには次の２つの点にご注意ください。

①　他の使用人と同じ支給時期に支給すること

たとえば、一般の従業員の賞与を７月と12月に支給している場合、「使用人兼務役員」も同じく７月と12月に支給してください。使用人兼務役員だけ株主総会後に支給したり、決算賞与で出すと、役員分とみなされます。

また、一般の従業員の賞与の支給日に「未払金」計上し、株主総会後に支給する処理も認められません。

②　他の使用人の賞与の額に比較して適正であると認められる金額であること

その「使用人兼務役員」が現に従事している職務に類似する職務に従事している使用人の賞与の額と同額の場合は適正額と認められます。

また、その「使用人兼務役員」が現に従事している職務に類似する職務に従事している使用人がいないときは、使用人兼務役員になる前に受けていた賞与、使用人のうち最大の賞与の額、その後のベースアップの状況を

総合勘案して定めてください。

3 過大役員給与の判定基準

役員給与、従業員給与とも、法人の事業遂行上必要な費用であることから原則として損金の額に算入されますが、役員給与については、不相当に高額な部分の金額は、過大役員給与として損金の額に算入されません。

なお、従業員に支給した給与のうち、「特殊関係使用人」（82頁参照）に支給した金額については、別途損金不算入の規定があります。

不相当に高額な部分の金額は、以下の「実質基準」と「形式基準」のうち、いずれか多い金額をいいます。

1. 実質基準

実質基準とは、下記の状況を総合勘案して算定した額を基準とするものです。

- 役員の職務内容
- 法人の収益
- 法人の使用人に対する給料の支給状況
- 類似（業種、規模等）法人の役員給与の支給状況
- その他

2. 形式基準

形式基準とは、定款の規定または株主総会等の決議によって定められている給与として支給することができる限度額を基準とするものです。

上記のほか、事実を隠ぺいし、または仮装して経理することにより役員に対して支給する給与の額は、その法人の各事業年度の所得の金額の計算上、損金の額に算入されません。

Q **過大な役員給与「実質基準」の注意点**
役員に支給する給与のうち、不相当に高額な部分は「過大役員給与」として損金の額に算入されないそうですが、その判定基準にある「実質基準」はどのような点に注意すればよいでしょうか？

A 「過大役員給与」の判定基準にある「実質基準」の注意点としては、非常勤の役員など会社の仕事をあまり行っていない方や、同族会社の社長の親族である奥様やお子様に職務以上の役員給与を支給すると、この「実質基準」により「過大役員給与」となるのでご注意ください。

Q **過大な役員給与「形式基準」の注意点**
「過大役員給与」のもうひとつの判定基準である「形式基準」は、どのような点に注意すればよいでしょうか？

A 取締役は会社と委任契約を結んでおり、取締役の給与は、定款の規定または株主総会等の決議によって定められています（通常は株主総会で定められています）。

実際の役員給与が株主総会で定められている限度額を超えている場合は、その超えた額が「過大役員給与」として損金に算入されません。

たとえば、株主総会で定めている役員給与の限度額が年間5,000万円なのに対し、実際には6,000万円支給していたとすると、超過した1,000万円が「過大役員給与」として損金に算入されません。

過去の株主総会で役員給与の限度額を定め、その後役員が増加したり、役員給与を増額したが役員給与の限度額を改定していないケースなどは危険なので、いま一度、役員給与の限度額の規定の見直しをお勧めします。

> **Q** 「特殊関係使用人」とは
>
> 従業員に支給した給与でも「特殊関係使用人」に支給した金額については別途損金不算入の規定があるそうですが、この「特殊関係使用人」とはどのような人ですか？

A 一般の従業員など使用に対する給与は全額損金の額に算入されますが、「特殊関係使用人」に支給する給与の額のうち不相当に高額な部分の金額は損金の額に算入されません。

この「特殊関係使用人」の範囲は次のとおりです。

① 役員の親族

② 役員と事実上婚姻関係と同様の関係にある者

③ ①②以外の者で役員から生計の支援を受けている者

④ ②③と生計を一にする親族

たとえば、同族会社の社長の奥様やお子様などの親族で、みなし役員に該当しない方に職務内容以上の給与を支払っているなどのケースなどが該当しますのでご注意ください。

4 損金に算入される役員給与

法人税法上、法人がその役員に対して支給する給与（退職給与およびストック・オプションによるもの、ならびに使用人兼務役員に対して支給する使用人分給与を除きます）のうち、次に掲げる役員給与については損金の額に算入することができます（ただし、過大部分は損金不算入となります）。

損金の額に算入される役員給与は、以下の①定期同額給与、②事前確定届出給与、③業績連動給与のいずれかに該当する給与とされ、3つのいず

れにも該当しない役員給与は損金不算入とされます。

1. 定期同額給与

　定期同額給与とは、その支給時期が1か月以下の一定期間ごとである給与（以下「定期給与」といいます）で、その事業年度の各支給時期における支給額又は支給額から源泉税等の額を控除した金額（以下「支給額等」といいます）が同額であるものをいいますが、これに準ずるものとして、次に掲げるものを含みます（96頁「平成29年度税制改正について」参照）。

①　定期給与で、次に掲げる改定がされた場合において、その改定以後の各支給期間における支給額が同額である定期給与

　イ．その事業年度開始の日の属する会計期間開始の日から原則3月を経過する日までにされた定期給与の改定

　ロ．その事業年度において役員の職制上の地位の変更、その他役員の職務の内容の重大な変更、その他これらに類するやむを得ない事情によりされたこれらの役員に係る定期給与の額の改定

　ハ．その事業年度において経営の状況が著しく悪化したことその他これに類する理由によりされた定期給与の額の改定

　　(ⅰ)　株主との関係上、業績や財務状況の悪化についての役員としての経営上の責任から役員給与の額を減額せざるを得ない場合

　　(ⅱ)　取引銀行との間で行われる借入金返済のリスケジュールの協議において、役員給与の額を減額せざるを得ない場合

　　(ⅲ)　業績や財務状況または資金繰りが悪化したため、取引先等の利害関係者からの信用を維持・確保する必要性から、経営状況の改善を図るための計画が策定され、これに役員給与の額の減額が盛り込まれた場合

　　　　なお、経営状況が著しく悪化したことなど、やむを得ず役員給与を減額せざるを得ない事情があることをいうので、法人の一時

的な資金繰りの都合や単に業績目標値に達しなかったことなどは
これに含まれません（法基通 9 – 2 – 13）。

② 継続的に供与される経済的利益のうち、その供与される利益の額が
毎月おおむね一定であるもの（無償で会社の社宅を使用しているケース
などが該当します）

 「定期同額給与」の要件
「定期同額給与」とは、具体的にどのような要件を満たす役員
給与をいいますか？

「定期同額給与」とは、次の 2 つの要件を満たすものをいいま
す。

① その支給時期が 1 か月以下の一定期間ごとである給与

② その事業年度の各支給時期における支給額が同額である給与

したがって、役員の月給が該当します。また、役員給与を月 2 回（15
日おきに支給）する場合や月 3 回（10 日おきに支給）する場合は、要件を
満たしますが、非常勤の取締役に役員給与を年 1 回支給する場合や半年に
1 回支給する場合は、「定期同額給与」に該当しません（同族会社以外の会
社の非常勤役員については例外の規定があります。この規定については後述し
ます）。

また、もうひとつの要件とし「その事業年度の各支給時期における支給
額が同額である給与」とあるので、事業年度の中途において原則として、
役員給与の増額や減額は認められません。

Q　**定時株主総会での役員給与の増額または減額**

　当社は 3 月決算の会社です。当社では 6 月に行われる株主総会で役員報酬の改定を行っています。ところで聞くところによりますと「定期同額給与」は、「その事業年度の各支給時期における支給額が同額である」という要件があるそうですが、定時株主総会での役員給与の増額または減額も認められませんか？

A　「定期同額給与」は、その事業年度の各支給時期における支給額が同額である給与をいいますが、事業年度の中途において増額または減額できる要件を 3 つ定めています。

　その 1 つ目が、「その事業年度開始の日の属する会計期間開始の日から 3 か月を経過する日までにされた定期給与の改定」です。

　御社のように定時株主総会は期首から 3 か月以内に開催するのが通常ですので、この定時株主総会で役員給与を増額または減額することは認められます。ただし、増額または減額した役員給与は期末まで同額を支給してください。一定の理由なく再度、増額または減額した場合には、損金に算入されない金額が発生します。

【増額のケース】

（単位：万円）

| 100 | 100 | 120 | 120 | 120 | 120 | ➡ 以後同額 |
| 4月 | 5月 | 6月 | 7月 | 8月 | 9月 | |

【減額のケース】 （単位：万円）

【損金不算入のケースⅠ】
6月に120万円に増額したが、10月に100万円に減額した場合

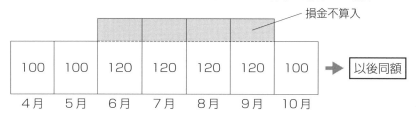

【損金不算入のケースⅡ】
6月に80万円に減額したが、10月に100万円に増額した場合

Q 実際の増額、減額が期首から4か月目になる場合

当社は3月決算の会社です。通常、当社では6月25日に行われる株主総会で役員給与の改定を行っています。しかし、従業員および役員の給料の支給日が毎月25日のため、実際に役員給与が増額または減額されるのは、翌月の7月からになります。このようなケースも「定期同額給与」に該当しますか？

A 定期同額給与では、「その事業年度開始の日の属する会計期間開始の日から3か月を経過する日までにされた定期給与の改

定」を認めています。

　これは、期首から3か月以内に改定が行われていれば要件を満たすので、御社のように実際の増額または減額が4か月目からでも大丈夫です。

> **Q　社長が病気で長期入院をした場合など**
>
> 　このたび、当社の社長が病気で入院しました。残念ながら入院はかなり長期間となりそうなので、専務取締役を代表取締役に昇格させました。また、常務取締役は、職制はそのままですが専務取締役の仕事を代行します。
>
> 　このようなケースでは、事業年度の中途においても役員給与の増額は認められますか？
>
> 　また、前社長も入院中は代表取締役の仕事はできませんので、役員給与を減額したいと考えています。これらの取扱いについてご教授ください。

A　「定期同額給与」は、その事業年度の各支給時期における支給額が同額である給与をいいますが、事業年度の中途において増額または減額できる要件を3つ定めています。

　その2つ目が、「その事業年度において役員の職制上の地位の変更、その役員の職務の内容の重大な変更、その他これらに類するやむを得ない事情によりされたこれらの役員に係る定期給与の額の改定」です。

　御社のケースでは、専務取締役が代表取締役に昇格したのは、「役員の職制上の地位の変更」に該当します。また、常務取締役が専務取締役の仕事を代行することや、前社長が入院中で代表取締役の仕事ができないことは、「その役員の職務の内容の重大な変更」に当たりますので、いずれも役員給与の増額、減額は認められます。

Q **業績悪化に伴う役員給与の減額**

当社の第 1 四半期の結果が最近出ました。残念ながら売上が大幅に減少し、赤字の状態です。役員および従業員一同この赤字からの脱却を図るため、従業員の賞与を一部カットし、経営上の責任から役員給与も大幅に減額する予定です。

ところで聞くところによると、「定期同額給与」は、「その事業年度の各支給時期における支給額が同額である」という要件があり、期中で役員給与を減額すると損金に算入されない金額があると聞きましたが、当社のケースもこれに該当しますか？

A 「定期同額給与」は、その事業年度の各支給時期における支給額が同額である給与をいいますが、事業年度の中途において増額または減額できる要件を 3 つ定めています。

その 3 つ目が、「その事業年度において経営の状況が著しく悪化したことその他これに類する理由によりされた定期給与の額の改定」です。

また、「その事業年度において経営の状況が著しく悪化したこと」の具体例として国税庁は次の 3 つを明らかにしているので、これらの適用上の注意点を見ていきたいと思います（「役員給与に関する Q&A（平成 24 年 4 月改訂）」より）。

⑴ 株主との関係上、業績や財務状況の悪化について役員としての経営上の責任から役員給与の額を減額せざるを得ない場合

御社が同族会社に該当し、社長と株主が同一の場合には適用できません。第三者の外部株主がいる場合や親会社がある場合に限られます。

実際には「臨時株主総会」を開催し、話し合いの結果、役員給与の減額が決議されると思いますので、その議事を記録した「議事録」の作成、保

管が望ましいと考えます。

(2)　取引銀行との間で行われる借入金返済のリスケジュールの協議において、役員給与額を減額せざるを得ない場合

これも適用できるケースは少ないと思われます。

リスケジュールとは、会社再建の一手法として、取引銀行との話し合いにより、月々の借入金返済額を減額したり、月々の借入金返済を一時ストップすることです。

その際に、会社側も会社再建のため役員給与を減額したケースです。

このようなケースでは、取引銀行にリスケジュールを承諾してもらうため会社再建の様々な条件の話し合いが行われると思いますので、その「備忘記録」や「議事録」を作成し保管してください。

(3)　業績や財務状況または資金繰りが悪化したため、取引先等の利害関係者からの信用を維持・確保する必要性から、経営状況の改善を図るための計画が策定され、これに役員給与の額の減額が盛り込まれた場合

実務上、この(3)のケースが一番多いと思います。御社の場合も上記(1)および(2)に該当しない場合には(3)を適用されるといいでしょう。

この場合、「経営状況の改善計画書」を作成する必要がありますが、最低でも「損益計画」と「資金繰り計画」は作成してください。

現在の役員給与でいくと今期の赤字はこの程度、また資金繰りはこのようになる、というものと、役員給与を減額するとこのように赤字が減少する（または黒字になる）、また、資金繰りはこのように改善される、といった「現在の役員給与での損益計画、資金繰り計画」と「役員給与減額後の損益計画、資金繰り計画」を作成し、税務調査の際に説明できるように準備してください。

　なお、通達では、「経営状況が著しく悪化したことなどやむを得ず役員給与を減額せざるを得ない事情があることをいうのであるから、法人の一時的な資金繰りの都合や単に業績目標値に達しなかったことなどはこれに含まれないことに留意する。」と規定されています（法基通 9 - 2 - 13）。

> ### Ｑ　社会的不祥事に伴う役員給与の減額
> 　お恥ずかしい話ですが、当社の某社員が社会的不祥事を起こし、新聞などマスコミにも報道されました。不祥事を起こした社員は懲戒免職処分しましたが、全役員も監督責任と世間へのお詫びとして、役員給与を半年間 30％ カットする予定です。このような期中における役員給与の減額は認められますか？

　Ａ　御社のように、役員給与を一時的に減額する理由が企業の秩序を維持して円滑な企業経営を図るため、または法人の社会的評価への悪影響を避けるために、やむを得ず行われたものであり、かつ、その処分の内容が社会通念上相当のものであると認められる場合には、その減額された期間においても引続き同額の定期給与が支給されていたものとして取り扱い、損金不算入にはなりません。

　御社のケースも上記に該当しますので、損金不算入となる役員給与はありません。

2.　事前確定届出給与

　事前確定届出給与とは、その役員の職務につき所定の時期に確定額を支給する旨の定めに基づいて支給する給与（確定した数の株式などを含む。定期同額給与および業績連動給与を除きます）で次の区分に応じた届出期限までに、納税地の所轄税務署長にその定めの内容を記載した「事前確定届出給与に関する届出書」を提出している場合のその給与をいいます（96 頁「平

成 29 年度税制改正について」参照）。

　なお、同族会社に該当しない法人が支給するもので、非常勤役員など定期給与を支給しない役員に対して支給する年俸や期間俸（たとえば、年 1 回給与や半年に 1 回給与など）の給与は、その定めの内容に係る届出がない場合でも損金の額に算入されます。

〈例〉事前に 6 月・12 月に各 100 万円の賞与を支給する旨の「事前確定届
　　　出給与に関する届出書」を税務署に提出している場合

　　　➡毎月の月給は損金に算入、6 月・12 月の賞与も損金算入が可能

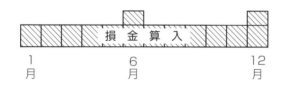

◎「事前確定届出給与に関する届出書」の提出期限

①　株主総会、社員総会またはこれに準ずるものの決議により役員の職
　　務につき所定の時期に確定額を支給する旨の定めをした場合
　➡株主総会等の決議をした日から 1 月を経過する日、ただし、同日が
　　その事業年度開始の日から 4 月を経過する日後である場合にはその
　　4 月経過日

②　新たに設立した法人がその役員のその設立の時に開始する職務につ
　　き所定の時期に確定額を支給する定めをした場合
　➡その設立の日以後 2 月を経過する日

③　臨時改定事由（当該法人の役員の職制上の地位の変更、その役員の職
　　務の内容の重大な変更など）、および業績悪化改定事由によりその臨時
　　改定事由等に係る役員の職務につき所定の時期に確定額を支給する
　　旨、または は減額する旨の定めをした場合
　➡その臨時改定事由が生じた日から 1 月を経過する日

• 当該業績悪化改定事由によりその定めの内容の変更に関する株主
総会等の決議をした日から1月を経過する日（当該変更前の給与
の支給日が、1月を経過する前にある場合には、当該支給の日の前日）

> ### Q 非常勤役員などに対して支給する年俸や期間俸の取扱い
>
> 当社は同族会社に該当しない法人です。当社の非常勤役員2
> 名に対して半年に1回、各30万円を支給しています。この給与は
> 「定期同額給与」には該当しませんので、「事前確定届出給与に関する
> 届出書」を税務署に提出する必要はありますか？

A 御社のように同族会社に該当しない法人が支給するもので、非常勤役員など定期給与を支給しない役員に対して支給している年俸や期間俸（たとえば、年1回給与や半年に1回給与など）の給与は、「事前確定届出給与に関する届出書」を税務署に提出していなくても損金の額に算入されます。

なお、この取扱いは、「同族会社に該当しない法人」に適用されるので、「同族会社」に該当する場合には「事前確定届出給与に関する届出書」を税務署に提出する必要があります。

もし、この「事前確定届出給与に関する届出書」の記入や届出が面倒な場合には、年俸や期間俸から月給制に変更すれば届出は不要になります(たとえば、半年に30万円給与を支給しているケースでは、月給にして毎月5万円支給すれば実態は変わりません)。

> ### Q 届出額と実際の支給額が異なる場合
>
> 当社は3月決算法人ですが、某役員に対する賞与として、7
> 月に100万円、12月にも100万円を支給するという決議を5月の
> 株主総会で行い、届出期限までに「事前確定届出給与に関する届出書」

を税務署に提出しました。

　ところで、現在は景気の変動が激しく、はたして届出どおりの賞与を支給できるか懸念しています。

　そこで、7月・12月に100万円賞与を支給すると届けましたが、実際の支給額が以下のようになった場合の処理について教えてください。

　①　景気が低迷し、50万円しか支給できない場合

　②　思いがけず景気が回復し、150万円支給した場合

　③　利益が確保できず、賞与を取らなかった場合（賞与0円）

A 　事前確定届出給与は、「事前確定届出給与に関する届出書」に届け出た額の賞与を取らないと、損金に算入することはできません。届け出た賞与額よりも実際の支給額が多くても少なくても、損金不算入になります。

　ご質問のケースでは、①は50万円が損金不算入に、②は150万円全額が損金不算入の対象になります。

　もっとも③のケースでは、賞与が0円なので、損金不算入の対象となる金額はありません。

　なお、7月の賞与は予定どおり100万円を支給し、12月の賞与は50万円に減額した場合には、7月の賞与（100万円）および12月の賞与（50万円）が全額損金不算入となります（東京高裁平成25年3月14日判決）。

　3月決算の会社が12月と翌年5月に賞与を支給するなど、支給日が事業年度をまたいでいる場合には、翌年の5月の賞与を資金繰りの都合上、届出どおりに支給しない場合でも、12月の賞与を届出どおりに支給した場合には損金に算入されます。ただし、翌年5月の賞与は損金の額に算入されません（国税庁「質疑応答事例」より）。

Q 「事前確定届出給与に関する届出書」の届出期限

当社は、3月決算法人です。このたび、6月25日の「定時株主総会」で役員に支給する賞与の額を決議し、所轄税務署に「事前確定届出給与に関する届出書」を提出したいと考えています。この「事前確定届出給与に関する届出書」はいつまでに提出すればよいでしょうか？

A 御社の「定時株主総会」での決議のように、株主総会、社員総会またはこれに準ずるものの決議により、役員の職務につき所定の時期に確定額を支給する旨の定めをした場合は、株主総会等の決議をした日から1月を経過する日までに「事前確定届出給与に関する届出書」を所轄税務署に提出する必要があります。

ただし、同日がその事業年度開始の日から4月を経過する日後である場合にはその4月経過日になります。

御社のケースでは、6月25日に「定時株主総会」が行われていますので、1か月経過日の7月24日が、事業年度開始の日から4月を経過する日（7月31日）より先に来ますので、7月24日が「事前確定届出給与に関する届出書」の提出期限になります。

3. 業績連動給与

損金の額に算入することができる業績連動給与とは、同族会社（上場会社の100％子会社などを除きます）に該当しない法人が業務執行役員[*1]に対して支給する業績連動給与（業績の状況を示す指標を基礎として算定される給与をいいます）で、次の要件を満たすものをいいます（96頁「平成29年度税制改正について」参照）。

① その算定方法が、その事業年度の利益の状況を示す指標、株式の市

場価格の状況を示す指標など（有価証券報告書に記載されているもの）を基礎とした客観的なもの（次に掲げる要件を満たすもの）であること

- イ．確定額または確定数を限度としているもので[*2]、かつ他の業務執行役員に対して支給する業績連動給与に係る算定方法と同様のもの
- ロ．原則3か月経過日等までに、報酬委員会が決定していること（報酬委員会と同等の機能を持ったものであれば可）

② 利益に関する指標の数値または、株式の市場価格の状況を示す指標などが確定した日後1か月以内に支払われ、または支払われる見込みであることなど

③ 損金経理していること

（*1）「業務執行役員」とは、法人の業務を執行する役員をいいますので、法人の役員であっても、取締役会設置会社における代表取締役以外の取締役のうち業務を執行する取締役として選定されていない者、社外取締役、監査役、および会計参与は「業務執行役員」に含まれません。

（*2）「確定額を限度としている」とは、その支給額の上限が具体的な金額をもって定められていることをいいますので、たとえば、「経常利益の○％を限度とする」などという定め方は認められません。

Q 「業績連動給与」の具体的な定め方

当社では「業績連動給与」の採用を検討していますが、具体的な定め方および注意点などを教えてください。

A 「業績連動給与」は、「その算定方法が、その事業年度の利益に関する指標、株式の市場価格の状況を示す指標などを基礎とした客観的なもので、有価証券報告書に記載されているもの」と規定されているので、たとえば、「当期の経常利益の0.1％を賞与として役員に支給する。」という定めをします。

ただし、「確定額または確定数を限度としている」とあるので、「当期の経常利益の0.1％を賞与として役員に支給する。ただし役員1人当たりの

限度額は 500 万円とする。」などと規定してください。

「経常利益の〇％を限度とする」などという定め方は、限度額が「青天井」になるので認められません。

 平成 29 年度税制改正について
平成 29 年度税制改正において役員給与の見直しが行われたそうですが、その内容について教えてください。

 平成 29 年度税制改正において役員給与の一部見直しが行われましたが、その概要は以下のとおりです。

(1) 定期同額給与

税および社会保険料の徴収後の金額（いわゆる手取額）が同額である定期給与が追加されました。

(2) 事前確定届出給与

所定の時期に「確定した数」の株式を交付する給与、および所定の時期に「確定した数」の新株予約権を交付する給与が追加されました。

(3) 業績連動給与

① 算定指標

株式の市場価格の状況を示す指標（株価）、および売上高の状況を示す指標（利益の状況を示す指標、または株式の市場価格の状況を示す指標と同時に用いられるものに限られます）が追加されました。

② 算定指標の対象期間

当該事業年度後の事業年度、または将来の所定の時点もしくは期間が追加されました。

③ 限度額

利益の状況を示す指標、または上記で追加された指標（業績連動指標）を基礎として算定された数の市場価格のある株式を交付する給与

で「確定した数」を限度とするものが追加されました。

④　対象法人

　同族会社のうち非同族会社との間に完全支配関係がある法人（上場会社の 100％ 子会社など）が追加されました。

5 退職給与の取扱い

　退職給与とは、退職給与規程に基づいて支給されたものであるかどうかを問わず、また、その支出の名目のいかんにかかわらず、役員または使用人の退職により支払われる一切の給与をいいます。

　このような退職給与のうち、使用人に対するものは、本来的に損金たる性質を有しており、過大かどうかを問わず、その全額が損金の額に算入されます（「特殊関係使用人」に支給する退職給与には、別途損金不算入の規定があります。「特殊関係使用人」については 82 頁参照）。

　一方、役員に支給する退職給与については、その支給した退職給与の額のうち、不相当に高額な部分の金額は、損金の額に算入されないこととされています。

　なお、役員に対する退職給与が不相当に高額か否かは、下記の状況を総合勘案して算定した額を基準とします。

①　業務に従事した期間

②　退職の事情

③　類似（業種・規模等）法人の役員退職給与の支給状況

④　その他

Q 退職金の具体的な計算方法

当社の創業者である「取締役　会長」が高齢になりましたので、近々退職の予定です。現在、会長には役員給与として月給 50 万円を支給しています。また、当社での勤続期間は、50年です。この場合、当社会長に支給する「退職金」はどのように計算すればよいでしょうか？

A

役員の退職金の計算方法として一般に使われているのが「功績倍率方式」です。

「功績倍率方式」は次の算式で役員退職金を計算します。

その役員の最終月額給与　×　勤続年数　×　功績倍率

御社の会長は、役員給与として月給 50 万円、勤続期間 50 年とのことですので、各「功績倍率」ごとに以下のように計算されます。

- 功績倍率 1 の場合：50 万円　×　50 年　×　1　＝　2,500 万円
- 功績倍率 2 の場合：50 万円　×　50 年　×　2　＝　5,000 万円
- 功績倍率 3 の場合：50 万円　×　50 年　×　3　＝　7,500 万円

上記を参考に、会社の損益状況、資金繰りなどを勘案のうえ、退職金の額を決定してください。

なお、「功績倍率 3」を超えると、「退職金が不相当に高額」として損金不算入とされた過去の裁判例があるのでご注意ください。

Q 生命保険金を原資とする「役員退職金」の取扱い

　このたび、当社の代表取締役社長が逝去いたしました。会社では、社長を被保険者、会社を受取人とする2億円の生命保険に加入しており、社長の死亡に伴い2億円の生命保険金を受領しました。

　ところで、当社では亡き社長の遺族に「役員退職金」を支払う予定ですが、遺族の希望もあり、2億円の生命保険金を原資とし1億5,000万円の退職金を支払う予定です。このような処理が認められるかご教授ください。

A

　役員に支給する退職金は一般的には、前間の回答のように「功績倍率方式」で計算されます。これは、会社が生命保険をいくら受領しているかは関係ありません。

　法人税法では、会社が生命保険を受領したことと役員退職金を支払うことは別の取引であり、「ひも付き関係」はないとしています。

　御社の亡くなった社長様の最終月額給与および勤続年数が明らかではありませんが、仮に功績倍率方式で計算した役員退職金が8,000万円としますと、7,000万円（1億5,000万円－8,000万円）が不相当に高額として、損金の額に算入されません。

　また、退職金とは別枠で「弔慰金」の支払いが認められていますので、ご検討されるとよいと思います。

　「弔慰金」の金額は、業務上の事故の場合には、月給の3年分、それ以外は月給の6か月分が限度となります。

第 **8** 章

固定資産の取扱い

1 固定資産の分類

法人税法において、固定資産とは、棚卸資産、有価証券および繰延資産以外の資産で次のものをいいます。

固定資産	土地（土地の上に存する権利を含む） 土地の上に存する権利とは、借地権、地上権などをいいます。
	減価償却資産
	電話加入権
	上記に準ずる資産 （建設仮勘定、賃貸借の造作費　など）

Q　特殊な電話番号の電話加入権

当社は飲食店を営んでいますが、お客様が覚えやすい電話番号（××××－0001）を NTT 以外の第三者から 50 万円で取得しました。この支出した 50 万円の処理を教えてください。

A 御社のように、お客様が覚えやすい電話番号をNTT以外の第三者から高額で取得した場合でも、その全額が電話加入権になります（税抜経理方式を採用している場合の消費税相当額は除きます）。

なお、電話加入権は「非減価償却資産」に該当するため、その後の事業年度においても減価償却をすることはできません。

2 減価償却資産とは

減価償却資産については、次のように有形減価償却資産、無形減価償却資産および生物の3つに分けることができます（細目については、巻末資料「耐用年数表」をご覧ください）。

減価償却資産	有形減価償却資産	① 建物及びその付属設備（暖冷房設備、照明設備　など） ② 構築物（橋、軌道、貯水池、煙突　など） ③ 機械及び装置 ④ 船舶 ⑤ 航空機 ⑥ 車両及び運搬具 ⑦ 工具、器具及び備品
	無形減価償却資産	① 特許権 ② 商標権 ③ 営業権 ④ ソフトウェア　販売用3年　研究開発用3年　その他5年 ⑤ 水道施設利用権など
	生物(*)	① 牛、馬、豚、綿羊及びやぎ ② かんきつ樹、りんご樹、ぶどう樹　など

（＊）　ただし、生物であってもレンタル植物や熱帯魚などの観賞用のもの、サーカスなどの興行用等の生物は、器具および備品に該当します。

Q 無形減価償却資産の内容

会社が「特許権」などを取得した場合には無形減価償却資産として減価償却を行うと聞きましたが、この無形減価償却資産の内容と耐用年数を教えてください。

A 無形減価償却資産には、特許権、実用新案権、意匠権、商標権、営業権、ソフトウエア、水道施設利用権、電気通信施設利用権などがあります。詳しい内容、耐用年数につきましては、巻末資料「別表第三　無形減価償却資産の耐用年数表」をご覧ください。

Q 生物の取扱いと耐用年数

以下の生物の取扱い(勘定科目)と耐用年数を教えてください。

- 応接間に飾った観賞用熱帯魚
- レンタル用植物
- 会社が所有する「競走馬」
- 会社が所有する「種付け用の馬」
- 乗馬クラブが所有する「乗用馬」
- サーカスの動物
- 果樹園の所有する樹木
- 肉食用の牛、豚

A 勘定科目と耐用年数は以下のとおりです。

	(勘定科目)	(耐用年数)
• 応接間に飾った観賞用熱帯魚	器具及び備品	2年
• レンタル用植物	器具及び備品	2年
• 会社が所有する「競走馬」	生物	4年
• 会社が所有する「種付け用の馬」	生物	6年
• 乗馬クラブが所有する「乗用馬」	生物	8年
• サーカスの動物	器具及び備品	8年
• 果樹園の所有する樹木	生物	樹木の種類による(資料「耐用年数表」参照)
• 肉食用の牛、豚	棚卸資産	―

　ただし、10万円未満のものは「少額減価償却資産」として「消耗品費」で処理できます。また、10万円以上20万円未満は、「一括償却資産」としても処理ができます。ただし、「棚卸資産」に該当したものは除きます（「少額減価償却資産」「一括償却資産」については後述します）。

3 非減価償却資産

　減価償却資産として掲げられている資産であっても、次のものは非減価償却資産となり、減価償却をすることができません。

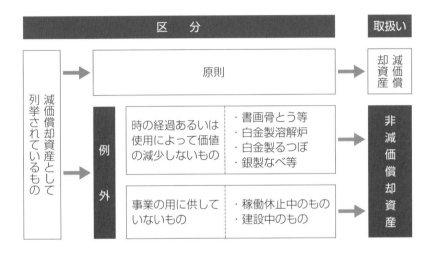

1. 時の経過あるいは使用によって価値の減少しないもの

　書画骨とうや白金製溶解炉のように「素材そのものに価値があるもの」、または、時の経過あるいは使用によって価値の減少しないものは、減価償却をすることができません。

> （美術品等についての減価償却資産の判定）
> 法基通７－１－１ 「時の経過によりその価値の減少しない資産」は減価償却資産
> に該当しないこととされているが、次に掲げる美術品等は「時の経過によりその
> 価値の減少しない資産」と取り扱う。
> ⑴ 古美術品、古文書、出土品、遺物等のように歴史的価値又は希少価値を有し、
> 代替性のないもの
> ⑵ ⑴以外の美術品等で、取得価額が１点100万円以上であるもの（時の経過に
> よりその価値が減少することが明らかなものを除く。）
> （注１） 時の経過によりその価値が減少することが明らかなものには、例えば、
> 会館のロビーや葬祭場のホールのような不特定多数の者が利用する場所
> の装飾用や展示用（有料で公開するものを除く。）として法人が取得する
> もののうち、移設することが困難で当該用途にのみ使用されることが明
> らかなものであり、かつ、他の用途に転用すると仮定した場合にその設
> 置状況や使用状況から見て美術品等としての市場価値が見込まれないも
> のが含まれる。
> （注２） 取得価額が１点100万円未満であるもの（時の経過によりその価値が
> 減少しないことが明らかなものを除く。）は減価償却資産と取り扱う。

2. 事業の用に供していないもの

　生産ラインがストップしているなど、稼動休止中の資産は減価償却でき
ませんが、その休止期間中に必要な維持補修が行われており、いつでも稼
動できる状況にあるものは減価償却することができます。

　また、建物を建築する際に支払った着手金や中間金は「建設仮勘定」で
処理しますが、まだ事業の用に供していないので減価償却をすることがで
きません（事業の用に供されている部分は減価償却をすることができます）。

> **Q** **絵画等の取扱い**
>
> 当社は、下記の絵画などの購入を検討しておりますが、その取
> 扱いについて教えてください。
> ・応接間に飾る有名作者の絵画　　500万円
> ・受付に飾るルノアールの複製画　　35万円
> ・受付に飾る甲冑のレプリカ　　8万円

A 応接間に飾る有名作者の絵画は、取得価額が1点100万円以上のため、法基通7−1−1「美術品等についての減価償却資産の判定」により減価償却することはできません。

受付に飾るルノアールの複製画、受付に飾る甲冑のレプリカはともに、取得価額が1点100万円未満であるものに該当し、法基通7−1−1（注2）により、減価償却を行うことができます。

また、受付に飾る甲冑のレプリカは取得価額が8万円（10万円未満）のため「少額減価償却資産」に該当しますので、「消耗品費」として費用に計上する事も可能です。

なお、平成26年12月31日までは「書画骨とうに該当するかどうか明らかでない美術品等でその取得価額が1点20万円（絵画にあっては、号2万円）未満であるものについては、減価償却資産として取り扱うことができるものとする。」とされていました。

Q **稼働休止中の機械および装置の取扱い**

当社はメーカーですが、生産調整のため生産ラインの一部の操業を停止しています。しかし、必要な場合にはいつでも稼動できるよう点検など保守管理を行っています。このような機械および装置は、減価償却を行うことが可能でしょうか？

また、点検など保守管理をまったく行わず、いわば「ほっぽりぱなし」にした場合はどうでしょうか？

A 法基通7−1−3では、稼働を休止している資産であっても、その休止期間中必要な維持補修が行われており、いつでも稼働し得る状態にあるものについては、減価償却資産に該当すると、規定しています。

　御社の場合、必要な場合にはいつでも稼動できるよう点検など保守管理を行っているとのことですので、機械および装置について減価償却を行うことが可能です。

　なお、ご質問にあります点検など保守管理をまったく行わず、いわば「ほっぽりぱなし」にした場合には、減価償却を行うことはできません。ただし、メーカーが生産ラインを点検など保守管理をまったく行わず、「ほっぽりぱなし」にするということは将来にわたって使用しないことを意味すると思うので、「有姿除却」（生産ラインを残したまま除却処理を行うこと）をご検討されるのが良いと思います。

4 固定資産と消耗品の区分

1. 少額減価償却資産の取扱い

　法人が取得した減価償却資産が、次のいずれかに該当する場合は、その事業の用に供した日の属する事業年度でその取得価額相当額を損金経理(*1)したときは、その損金経理した金額を損金(*2)の額に算入することができます。

> （＊1）　損金経理
> 　法人がその確定した決算において費用または損失として経理することをいいます。法人税ではこの「損金経理」は科目が指定されていませんので、机や椅子を購入した場合でも、「雑費」や「雑損失」でも損金経理に該当します（ただし、管理会計の面からは問題があるのでお薦めしません）。
> （＊2）　損金
> 　簿記では、利益を収益から費用をマイナスして計算します（収益－費用＝利益）。法人税では、所得を益金から損金をマイナスして計算します（益金－損金＝所得）。すなわち、損金とは法人税法上の費用をいいます（ちなみに所得は法人税法上の利益、益金は法人税法上の収益です）。

⑴　取得価額が10万円未満であるもの

　たとえば、取得価額5万円のホワイトボードを購入した場合、法人税では「消耗品費」として処理することができます。

　取得価額が10万円未満であるかどうかは、通常1単位として取引されるその単位ごとに判定します。なお、その資産が他人との共有の場合には、自己の持分に係る部分により判定します。

　また、取得価額が10万円未満であるかどうかの判定は、消費税の経理方法が税抜経理の場合は税抜額、税込経理の場合は税込額で判定します。

　なお、少額または使用可能期間が1年未満であっても、事業の用に供していないものは、損金処理は認められません。この場合、貯蔵品として資産に計上する必要があります（決算期末に10万円未満のパソコンを大量に購入し使用していない場合には損金として認められません）。

(2)　使用可能期間が1年未満であるもの

　たとえ10万円以上の減価償却資産であっても、その使用可能期間が1年未満のものは「消耗品費」として損金に計上することができます。

　使用可能期間が1年未満の減価償却資産とは、次のものをいいます。

- その業界において、一般的に消耗性のものと認識されているもので
- その法人のおおむね過去3年間の平均的使用状況、補充状況等からみて、その使用可能期間が1年未満のもの

　以上をまとめると以下のとおりです。

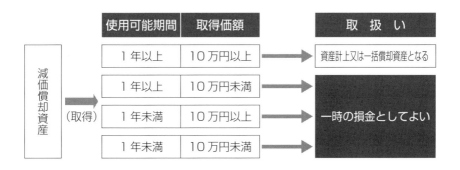

2. 一括償却資産

　一括償却資産とは、減価償却資産で取得価額が 20 万円未満のもの（「少額減価償却資産」の取扱いを受けるものを除くので、実務上は 10 万円以上 20 万円未満の減価償却資産が該当します）で、一括償却をすることとした資産をいいます。これを事業の用に供した場合には、法人が一括償却資産について損金経理した金額のうち次の算式で計算した金額を、損金の額に算入することができます。

$$\text{その事業年度において事業供用した} \atop \text{一括償却資産の取得価額の合計額} \times \frac{\text{当期の月数}}{36}$$

　つまり、その事業年度中の一括償却資産の取得価額の合計額を、3 年間で損金に計上していきます。

　たとえば、1 年決算の会社が、この一括償却資産に該当するもの（10 万円以上 20 万円未満の減価償却資産）を年間合計して 300 万円購入していたとします。この 300 万円を 3 年で割って、1 年間に 100 万円ずつ損金に落としていくことができます。

　なお、この一括償却資産の留意事項は以下のとおりです。
① 　取得価額が 20 万円未満であるかどうかは、通常 1 単位として取引されるその単位ごとに判定します。なお、その資産が他人との共有の場合には、自己の持分に係る部分により判定します。
② 　取得価額が 20 万円未満であるかどうかの判定は、消費税の経理方法が税抜経理の場合は税抜額、税込経理の場合は税込額で判定します。
③ 　取得価額が 20 万円未満の減価償却資産についても、通常の減価償却を行うことができます。一括償却を行うか通常の償却を行うかの判定は、個々の資産ごとにすることができます。

　たとえば、メーカーにおける「金型」や車両運搬具の「自転車」などは耐用年数が2年なので、一括償却資産として3年で償却を行うよりは通常の償却を行うほうが早く償却を行うことが可能です。

3.　少額減価償却資産、一括償却資産の判定単位

　会社が「応接用のソファーとセンターテーブル」「会議用の机と椅子」などを購入した場合には、それぞれをばらして10万円未満(少額減価償却資産)や、20万円未満(一括償却資産)の判定をすることはできません。セットで使用するものについては、セットの合計額で金額の判定を行います。

　また、たとえば、以下のような単位で判定をします。

- 機械装置については、1台または1基ごとに判定
- 工具、器具および備品については1個、1組または1そろえで判定
- まくら木、電柱等、単体では機能を発揮できないものについては、1つの工事等ごとに判定

◎具体例

- 建設現場で使用する「足場用パイプ」「丸太」などは1本ごとに判定できます。
- テトラポットは、1つの工事全体で判定されます。
- 「間仕切り用パネル」は、パネル数枚が組み合わされて初めてその機能を発揮できるので、1枚ごとには判定できません。
- 応接セット、会議用テーブルおよび椅子は、1セットとして判定します。
- 蛍光灯を個々に少額減価償却資産の判定をすることはできません（蛍光灯を取り替えた場合には消耗品費、または修繕費として処理できます）。
- カーテン、ブラインドなどは色調、デザイン等により統一的にレイアウトされ、全体としてひとつの空間を演出するので、部屋ごとで判定されます（窓ごとには判定できません）。
- 百科事典などは全巻が判定単位となります（1巻ごとには判定できません）。

• 1 回線 72,800 円の PHS 基地局（総額約 111 億円）は、少額減価償却資産と判定された裁判事例もあります（最高裁）。

（少額の減価償却資産又は一括償却資産の取得価額の判定）
法基通 7 − 1 − 11　令第 133 条〈〈少額の減価償却資産の取得価額の損金算入〉〉又は令第 133 条の 2 〈〈一括償却資産の損金算入〉〉の規定を適用する場合において、取得価額が 10 万円未満又は 20 万円未満であるかどうかは、通常 1 単位として取引されるその単位、例えば、機械及び装置については 1 台又は 1 基ごとに、工具、器具及び備品については 1 個、1 組又は 1 そろいごとに判定し、構築物のうち例えば枕木、電柱等単体では機能を発揮できないものについては一の工事等ごとに判定する。

---

4. 在庫計上を省略できる資産、省略できない資産

　少額減価償却資産については、在庫計上を省略することはできません。

　たとえば、会社が決算期末に 10 万円未満のパソコンを大量に購入し使用していない場合には損金として認められませんので、「貯蔵品」として資産に計上する必要があります。

　しかし、事務用文具などの消耗品は、会社内で必ず使うものですし、まとめ買いしたボールペンなどのうち期末に残った本数を調べて棚卸をするのも厄介であり、かえって要らぬ仕事が増え、差し障りが生じたりします。

　そこで、このような消耗品は、年間使う金額もあまり変化がありませんので、毎期同じ扱いをすることを条件として、使わなかったものも含めて、購入した金額を「消耗品費」、「事務用品費」または「広告宣伝費」などとして、在庫計上を省略して損金に落とすことができます。

　種類としては、一般的に消耗品として扱われる以下のものが該当します。

• 事務用消耗品……ノート、鉛筆、コピー用紙、封筒など
• 広告宣伝用印刷物……ポスター、チラシ、カタログ、パンフレットなど
• 包装材料……包装紙、ひもなど
• 見本品……メーカー提供の試供品
• その他上記に準ずる棚卸資産

5. 少額減価償却資産、一括償却資産に対する質疑応答

Q　共有資産の取扱い

当社は、関連会社とワンフロアをシェアしています。ところで、応接室と会議室も関連会社と共有にしたく、応接セット（15万円）、ミーティングテーブルと椅子（18万円）をそれぞれ持分2分の1で取得しました。この場合の取扱いを教えてください。

A　取得価額が10万円未満の資産は「少額減価償却資産」として消耗品費など損金になりますが、その資産が他人との共有の場合には、自己の持分に係る部分により判定します。

御社が取得した、応接セット（15万円）、ミーティングテーブルと椅子（18万円）は、ともに持分2分の1だと10万円未満になるので、「少額減価償却資産」として損金に計上することができます。

Q　少額の減価償却資産または一括償却資産の取得価額の判定（1）

当社では、下記の資産を購入しましたが、その処理について教えてください。

⑴　4階・5階の窓にブラインドを取り付けました。4階・5階には窓がそれぞれ4か所あり、1か所のブラインドの取得価額は3万円です。10万円未満ですので「少額減価償却資産」として損金に計上することができますか？

⑵　社員の教育研修用に「マーケティングのDVD」を購入しました。このDVDは全8巻セットで、1巻の価額は5万円です。

A 「少額減価償却資産の取得価額の損金算入」または「一括償却資産の損金算入」の規定を適用する場合において、取得価額が10万円未満または20万円未満であるかどうかは、通常1単位として取引されるその単位、たとえば、機械および装置については1台または1基ごとに、工具、器具および備品については1個、1組または1そろいごとに判定し、構築物のうち、たとえばまくら木、電柱等、単体では機能を発揮できないものについては1つの工事等ごとに判定します。

ところで、窓のブラインドやカーテンは部屋ごとの雰囲気、調和を考慮して一括して揃えられるものですから、少額の減価償却資産または一括償却資産の判定単位は、1つの窓ごとではなく、部屋ごとに行われます。御社のケースでは、4階と5階に分けて判定します。ワンフロアの取得価額は12万円（3万円×4か所）になりますので、一括償却資産として3年で償却します（119頁「6. 中小企業者等の少額減価償却資産の損金算入の特例」を受ける場合を除きます）。

また、社員の教育研修用のDVDは、全巻を判定単位とみるので、取得価額は40万円（5万円×8巻）となり、備品として資産計上が必要です。

Q 少額の減価償却資産または一括償却資産の取得価額の判定（2）

当社は、レンタルビデオ店を経営しています。レンタルビデオ、およびレンタルDVDは1本の単価は少額ですが、お店全体の金額は高額になります。

このようなレンタルビデオ、およびレンタルDVDは1本ごとに判定し、「少額減価償却資産」の取扱いを受けることができますか？

A レンタルビデオ、およびレンタルDVDは、1本ごとに判定します。1本の取得価額が10万円未満であれば、「少額減価償却資産」の取扱いを受けることができます。

Q　**少額の減価償却資産または一括償却資産の取得価額の判定（3）**

当社はセミナーの運営を行っています。今回セミナー会場を新設し、それに伴い、会議用折りたたみテーブル100台（単価8万5,000円）、折りたたみ椅子200脚（単価1万5,000円）、総額1,150万円を取得しました。このテーブルと椅子は、通常テーブル1台につき椅子2脚を使用しますが、立食パーティーの際はテーブルのみで、また、セミナーの内容によっては椅子だけで使用する場合もあります。この場合、テーブルと椅子をばらして判定するといずれも10万円未満ですので「消耗品費」として全額1,150万円を損金に落とすことができますか？　それとも総額の1,150万円を資産計上しなくてはいけませんか？　ご教授ください。

A　御社では、テーブルおよび椅子ともに、ばらして使用されることもあるとのことです。このような場合、その取得した資産が10万円未満かどうかの判定は、1台または1脚を判定単位とすることができます。

　会議用折りたたみテーブルも、折りたたみ椅子も1台、1脚の単価はいずれも10万円未満なので、総額1,150万円を「消耗品費」として損金に計上することができます。ただし、応接セットのように常時、センターテーブルとソファーが一体で使用されているものは、センターテーブルとソファーの合計金額が10万円未満かどうかで判定します。

Q　**消費税の経理処理について**

本体価格9万8,000円のシュレッダーを購入しました。消費税を加えると10万7,800円になりますが、この場合の処理を教えてください。

　また、消費税の処理方法が「税抜経理方式」と「税込経理方式」で
は取扱いが異なりますか？（当社は資本金 1 億円以下の中小企業者
には該当しません）

A　「少額の減価償却資産の取得価額の損金算入」の取得価額が 10
万円未満の判定、および「一括償却資産の損金算入」の取得価
額が 20 万円未満の判定は、消費税の経理方法が税抜経理の場合は税抜額、
税込経理の場合は税込額で判定します。

　したがって、本体価格 9 万 8,000 円のシュレッダー（消費税込み 10 万
7,800 円）の場合は、消費税の処理方法が「税抜経理方式」を採用してい
る場合には 10 万円未満となり、「少額の減価償却資産」に該当しますが、
「税込経理方式」を採用している場合には、10 万円を超えるので「少額の
減価償却資産」に該当せず、一括償却資産になります。

　なお、仕訳は以下のようになります。

◎税抜経理方式

　　（借方）　消耗品費　　　　　98,000　　　　（貸方）　現　　　金　　107,800
　　　　　　　仮払消費税　　　　　9,800

◎税込経理方式……一括償却資産で処理

　　（借方）　一括償却資産　　107,800　　　　（貸方）　現　　　金　　107,800

Q　**在庫計上を省略できる資産、省略できない資産**
　決算期末に未使用の下記の資産がありますが、在庫計上を省略
して未使用のものも費用に計上できるものはありますか？
　① 　未使用のパソコン　5 台（1 台 8 万 5,000 円）
　② 　機械装置の予備部品　数点　（使用可能期間が 1 年未満のもの）
　③ 　コピー用紙、封筒、ボールペンなど

④　カタログ、パンフレットなど広告宣伝用印刷物

⑤　切手、印紙、新幹線回数券など

A　①未使用のパソコン、②機械装置の予備部品は、取得価額 10 万円未満、または、使用可能期間が 1 年未満のものに該当するので、「少額減価償却資産」に該当します。しかし、この「少額減価償却資産」は、事業の用に供していない（未使用）ものは損金処理が認められません。

　それに対して③コピー用紙、封筒、ボールペンなど、④カタログ、パンフレットなど広告宣伝用印刷物は、在庫計上省略が認められているので、期末に未使用のものを含めて、購入したときに「消耗品費」、「事務用消耗品費」または「広告宣伝費」などとして損金に落とすことができます。

　また、⑤切手、印紙、新幹線回数券などのいわゆる「現金同等物」については、在庫計上省略は認められません。

　すなわち①未使用のパソコン、②機械装置の予備部品、⑤切手、印紙、新幹線回数券などについては、在庫計上の省略は認められていないので、期末において未使用分については棚卸を行って「貯蔵品」として資産に計上する必要があります。

Q **「一括償却資産」の経理処理**

「一括償却資産」の仕訳、および 2 年目、3 年目の処理について教えてください。

A　一括償却資産とは、減価償却資産で取得価額が 10 万円以上 20 万円未満の減価償却資産をいいます。この一括償却資産は 3 年間で償却しますが、経理処理には次の 2 つがあります。

〈例題〉

15 万円のノートパソコンを購入。便宜上、本年度の一括償却資産はこの資産のみとする（1 年決算、資本金 1 億円以下の中小企業者には該当しない）。

① 取得時に費用処理する方法

（借方） 消耗品費　　　150,000　　　　（貸方）現　　金　　150,000
　　　　（または事務用消耗品費）

1 年目において、損金になる金額は、5 万円（15 万円×12/36）なので、損金にならない金額 10 万円（15 万円 – 5 万円）は、法人税申告書別表 4 において損金不算入として加算します。

「一括償却資産の減価償却超過額　100,000 円」

2 年目、3 年目は、5 万円（15 万円×12/36）が損金になるので、法人税申告書別表 4 において損金算入として減算します。

「一括償却資産の減価償却超過額認容　50,000 円」

② 取得時に資産に計上する方法

（借方）　一括償却資産　　150,000　　（貸方）現　　　　金　　150,000
　　　　（または備品）

そして、決算整理事項として減価償却を行っていきます（2 年目、3 年目も同様です）。

（借方）　減 価 償 却 費　　50,000　　（貸方）　一括償却資産　　50,000
　　　　　　　　　　　　　　　　　　　　　　　（または、備品）

Q **同一年度で複数の「一括償却資産」を取得した場合**

同一年度で複数の一括償却資産を取得した場合には、個別に減価償却を行うのでしょうか？　また、期の中途で一括償却資産を取得した場合には、取得の日から決算日までの按分を行いますか？

A 同一年度で複数の一括償却資産を取得した場合にも、個別に減価償却を行うわけではありません。その年に取得した一括償却資産を、合計して3年間で償却していきます。

　また、期の中途で一括償却資産を取得した場合にも、取得の日から決算日までの按分は行いません。たとえば、事業年度が4月1日から翌年3月31日までの会社が、一括償却資産を4月1日に購入した場合も、3月31日に購入した場合にも、取扱いは同様です。どちらの場合でも3年間で償却していきますので、本年分の償却は3分の1の金額です。

> **Q　「一括償却資産」の端数処理について**
>
> 　当社は、本年度に一括償却資産を合計で200万円取得しました。ところで、この一括償却資産は3年で償却するそうですが、200万円を3年で割ると端数が生じるため、3年で償却が終わりません。この端数分は4年目に償却されるのでしょうか？

A 一括償却資産の償却費は以下のとおりです。（1年決算の場合）
　　　その年に取得した一括償却資産の合計額　×　12/36
御社のケースでは、この計算を厳密に適用すると以下のようになります。
（1年目）　2,000,000円×12/36＝666,666円（1円未満切捨て）
（2年目）　2,000,000円×12/36＝666,666円（1円未満切捨て）
（3年目）　2,000,000円×12/36＝666,666円（1円未満切捨て）
（4年目）　　　　　　　　　　　　2円

　しかし、この計算では3年で償却するという一括償却資産の考えに合致しませんので、4年目は上記の計算にかかわらず端数を合算して調整することができます。
　したがって、計算は下記のように行います。

（1 年目）　2,000,000 円× 12/36 ＝ 666,666 円（1 円未満切捨て）

（2 年目）　2,000,000 円× 12/36 ＝ 666,666 円（1 円未満切捨て）

（3 年目）　　　　　　　　　　666,668 円

Q 「一括償却資産」の一部除却および売却があったときの処理

当社では昨年、複数の一括償却資産を取得しました。ところがその中のノートパソコン 1 台（取得価額 15 万円）が壊れてしまい、やむなく除却しました。この場合、この除却したノートパソコン 1 台に相当する金額の除却損の計上は可能でしょうか？

また、一括償却資産の一部を売却したときはどのように取り扱われますか？

A

一括償却資産は、文字どおり「一括（合計）して」償却を行いますので、その一部を除却または売却した場合にも、その金額を抜き出して「除却損」の計上や、帳簿価額を売却収入から控除することはできません。

途中で除却・売却があっても、そのまま 3 年間で償却を継続していきます。

もし、一括償却資産の一部を売却し売却収入を得た場合には、その金額を「雑収入（固定資産売却益）」に計上する必要があります。

Q 「一括償却資産」の選択適用の可否

当社では今年度、金庫（取得価額 18 万円）、電動機付き自転車（取得価額 12 万円）、成型用金型（取得価額 16 万円）を取得しました。

耐用年数の関係から、金庫は一括償却資産で処理をし、電動機付き自転車は車両運搬具、成型用金型は工具として通常の償却をしていき

たいと考えています。

　このような別々の処理を選択することは可能でしょうか？（当社は資本金1億円以下の中小企業者には該当しません）

A 取得価額が10万円以上20万円未満の減価償却資産について、一括償却資産とするか、車両運搬具や工器具および備品として通常の減価償却を行うかの選択は、法人が任意に選択することができます。

　また、一括償却を行うか通常の償却を行うかの判定は、個々の資産ごとにすることができます。

　御社のケースでは、金庫の耐用年数は20年、電動機付き自転車、および成型用金型の耐用年数はいずれも2年なので、金庫は一括償却資産で処理をし、電動機付き自転車は車両運搬具、成型用金型は工具として通常の償却をするのが法人税上は有利です（後述する「償却資産税」〔120頁以下〕についても考慮が必要です）。

6. 中小企業者等の少額減価償却資産の損金算入の特例

　中小企業者等(*)が30万円未満の什器、備品などを購入した場合には、その全額を損金にできます。

　① 資本金1億円以下で青色申告書を提出する中小企業者等（ただし、常時使用する従業員の数が500人を超える法人、連絡法人、前3事業年度の平均所得が年15億円を超える法人を除きます）

　② 平成18年4月1日から令和4年3月31日の間に取得し事業の用に供すること

　③ 取得価額30万円未満（資産の種類は問いません）

　④ 1年間の総額が300万円まで

119

（＊） 青色申告書を提出する「中小企業者等」です。「中小企業者等」とは次のいずれかに
　　　該当する法人・個人等をいいます。
　① 資本または出資の金額が 1 億円以下の法人
　　　ただし、同一の大規模法人[(＊1)]が発行済株式総数または出資金額の 2 分の 1 以上を
　　所有する株主となっている場合、または、2 以上の大規模法人がその発行済株式総数
　　または出資金額の 3 分の 2 以上を所有する株主となっている場合、その法人は、資本
　　または出資の金額が 1 億円以下であっても中小企業者に該当しません。
　　　（＊1）　大規模法人
　　　　　　資本または出資の金額が1億円を超える法人または資本もしくは出資を有し
　　　　　ない法人のうち常時使用する従業員の数が 1,000 人を超える法人など一定
　　　　　の法人をいいます。
　② 個人……常時使用する従業員の数が 1,000 人以下の個人（所得税で適用）
　③ その他……農業協同組合等

「中小企業者等の少額減価償却資産の損金算入の特例」を受けるための要件

　当社は、資本金 1 億円以下で青色申告書を提出する中小企業者に該当します。当期に 20 万円から 30 万円未満の備品を数点購入したので「中小企業者等の少額減価償却資産の損金算入の特例」を受けたいと考えていますが、何か手続きが必要でしょうか？

A 　この制度の適用を受けるためには、確定申告書に「少額減価償却資産の取得価額の損金算入の特例に関する明細書　別表16（7）」の添付が必要です。

「少額減価償却資産」「一括償却資産」「中小企業者等の少額減価償却資産の損金算入の特例」と償却資産税の関係

　償却資産税との関係を教えてください。

A 　会社が、構築物、機械装置、車両運搬具（自動車税等が課税されるものを除きます）、工具器具および備品など減価償却資産を所有している場合には、市町村民税として「償却資産税」が課税されます。

　この償却資産税は、会社が「少額減価償却資産」および「一括償却資産」として処理したものは課税されません。

　しかし、会社が車両運搬具や工具器具および備品として通常の減価償却を行う資産、また「中小企業者等の少額減価償却資産の損金算入の特例」の適用を受けた資産については、償却資産税が課税されます。

　たとえば、118頁の質問のように、電動機付き自転車（取得価額12万円）や成型用金型（取得価額16万円）を「一括償却資産」として処理したものは償却資産税が課税されませんが、耐用年数の関係から車両運搬具、工具として通常の償却を選択した場合には、償却資産税が課税されます。

　また、資本金1億円以下の中小企業者が取得価額25万円のショーケース（陳列棚）を購入し、「中小企業者等の少額減価償却資産の損金算入の特例」の適用を受けた場合には、法人税ではその全額が損金になりますが、償却資産税にはこの規定はありませんので償却資産税は課税されます。

5 取得価額の原則

　固定資産を他のものより購入した場合の取得価額は、次の①と②の合計額となります。

　①　その資産の購入の代価

　　（引取運賃、荷役費、運送保険料、購入手数料、関税その他その資産の購入のために要した費用がある場合には、その費用の額を加算した金額）

　②　その資産を事業の用に供するために直接要した費用の額

　ただし、次の費用は、固定資産の取得価額に算入しないことができます。（法基通7-3-3の2）

　イ．不動産取得税または自動車取得税

　ロ．特別土地保有税のうち土地の取得に対して課されるもの

　ハ．新増設に係る事業所税

121

ニ. 登録免許税その他登記または登録のために要する費用

ホ. 建物の建設等のために行った調査、測量、設計、基礎工事等でその
建設計画を変更したことにより不要となったものに係る費用の額

ヘ. いったん締結した固定資産の取得に関する契約を解除して他の固定
資産を取得することとした場合に支出する違約金の額

また、借入金の利子の額は、たとえその固定資産の使用開始前の期間に
係るものであっても、取得価額に含めないことができます。

Q **不動産取得税、登録免許税などの経理処理**

当社は、新たに土地を取得し、その敷地に本社ビルを建築しま
した。新たに取得した土地、建物について「不動産取得税」「登録免
許税」が課税され、登記に際しては土地家屋調査士、司法書士に対し
て登記の手数料をお支払いしました。

ところで、簿記ではこのような取得のための税金や登記の費用は土
地や建物の取得原価に算入すると習いましたが、法人税でも同様の処
理が必要ですか?

A 簿記では、不動産取得税や登録免許税など取得のための税金や
登記の費用は土地や建物の取得原価に算入しますが、法人税で
は固定資産の取得価額に算入しないことができるので、「租税公課」や「支
払手数料」の科目で損金として処理ができます。

法人税の取扱いは、「固定資産の取得価額に算入しないことができます。」
と規定されているので、固定資産の取得価額に算入することもできます。
しかし、「土地勘定」に入れると、土地は減価償却ができないので売却す
るまで費用化されませんし、建物は減価償却を通じて費用化するのでその
費用化が減価償却期間にわたり、長期間かかるので不利になります。

Q 契約解除による違約金

当社では、「土地A」を取得する契約を結び、手付金として200万円を支払いました。その後引渡しまでの期間にさらに条件の合う「土地B」の出物が見つかり社内でも慎重審議の結果、「土地A」の契約を解除して手付金を放棄（いわいる手付け流れ）しても「土地B」を取得したほうが良いという結論に達しました。この場合、放棄した手付金200万円の処理について教えてください。

A

いったん締結した固定資産の取得に関する契約を解除して他の固定資産を取得することとした場合に支出する違約金の額は、新たに取得した土地の取得価額に算入しないで損金として処理することができます（具体的には「雑損失」で処理します）。

ただし、こちらも取得価額に算入するかしないかは任意ですので、新たに取得した土地の取得価額に入れることもできますが、「土地勘定」に入れると土地は減価償却ができないので、売却するまで費用化されず不利になります。

Q 固定資産の使用開始前の支払利息

当社では、今年度新たに土地を取得しました。この土地には将来工場を建築する予定ですが、着工までにはまだ2、3年かかるので、それまでは空き地となり利用しません。ところで、この土地の取得金額の一部について銀行借入を行っており、当然支払利息も発生しています。このような固定資産の使用開始前の期間の支払利息についても、費用として計上することができますか？

A ご質問のような固定資産の使用開始前の期間に係る借入金の利子の額も土地の取得価額に含めないで、支払利息として費用（損金）に計上することができます。ただし、こちらも任意の規定なので土地の取得価額に入れることもできますが、「土地勘定」に入れると土地は減価償却ができないので、売却するまで費用化されず、不利になります。

Q 機械装置の試運転の費用

当社は最新鋭の機械装置を導入しましたが、機械の試運転および操作方法の指導のため、その機械のメーカーから技術者を派遣してもらいました。

この費用は機械装置の代金とは別に支払いました。また、技術者の交通費、宿泊費なども負担しましたが、この費用は「支払手数料」「旅費交通費」で処理することができますか？

A 機械装置などの固定資産を他のものより購入した場合の取得価額は、次の①と②の合計額となります。

① その資産の購入の代価

　（引取運賃、荷役費、運送保険料、購入手数料、関税その他その資産の購入のために要した費用がある場合には、その費用の額を加算した金額）

② その資産を事業の用に供するために直接要した費用の額

御社が支出した試運転のための費用や指導料、技術者の交通費や宿泊費は、「②その資産を事業の用に供するために直接要した費用の額」に該当するので、機械装置の購入金額と合算して取得価額になります。

工場誘致に伴う寄附金の取扱い［再掲載］

　当社はＡ市より、Ａ市の造成した工場団地への誘致を受けています。

　条件として、土地代金は造成費用原価という低い価格にする代わりに、道路や水道光熱設備など社会的インフラを整備するために一定の寄附金を支払うことが条件になっています。

　会社が国や都道府県または市区町村に支出する「寄附金」は全額損金の額に算入されると聞きましたが、この寄附金も損金として処理ができますか？

A　都道府県または市区町村が産業振興や雇用確保のために工場団地などを造成し、積極的に工場誘致などを行う場合、条例等の定めによって寄附金や負担金の支払いを義務付けているケースはよくあります。

　このような寄附金や負担金は、土地や建物の取得と「ひも付き」関係があるので単純寄附金として損金に算入されるのではなく、実態に応じて土地や建物の取得価額に上乗せされます。

　御社の場合もその寄附金を支払うことが工場進出の条件であり、会社が任意で支払う寄附金ではないようなので、土地、建物の取得価額になるものと思われます。

第 ⑨ 章

資本的支出と修繕費

1 資本的支出と修繕費の相違

　法人が固定資産の修理、改良等の名義で支出した金額は、固定資産の取得価額に加算される資本的支出と、その支出事業年度で一時の損金となる修繕費とに区分されます。

　この資本的支出と修繕費の基本的な相違は次のとおりです。

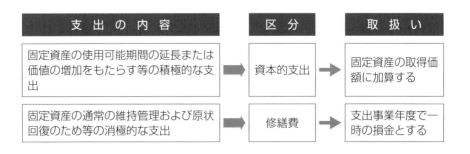

支 出 の 内 容	区 分	取 扱 い
固定資産の使用可能期間の延長または価値の増加をもたらす等の積極的な支出	資本的支出	固定資産の取得価額に加算する
固定資産の通常の維持管理および原状回復のため等の消極的な支出	修繕費	支出事業年度で一時の損金とする

　資本的支出となる金額の計算は、使用可能期間を延長させる場合と価値を増加させる場合とに応じて、それぞれ次のように計算します。なお、その支出の効果が両方に及ぶ場合は、いずれか多い金額を資本的支出の額とします（法令132「資本的支出」）。

1. 使用可能期間を延長させる部分に対応する金額

次の算式により計算します。

$$（支出金額）\times\frac{\begin{pmatrix}支出後の\\使用可能年数\end{pmatrix}-\begin{pmatrix}支出しなかった場合の\\残存使用可能年数\end{pmatrix}}{（支出後の使用可能年数）}＝資本的支出の金額$$

[計算例1] 機械装置をオーバーホウル（全修理）し、使用可能年数が延びた場合

・支出金額……………………………………………400万円

・支出しなかった場合の残存使用可能年数…………3年

・支出後の使用可能年数………………………………8年

$$400万円\times\frac{8年-3年}{8年}＝250万円（資本的支出の金額）$$

$$400万円-250万円＝150万円（修繕費の金額）$$

仕訳は以下のようになります。

（借方）　機械装置　2,500,000円　　　（貸方）　現金預金　　4,000,000円
　　　　　修繕費　　1,500,000円

2. 価値を増加させる部分に対応する金額

次の算式により計算します。

$$（支出直後の価額）-\binom{通常の管理または修理をしていた}{場合に予測される支出直前の価額}=資本的支出の金額$$

[計算例2] 建物をリフォームして価値が増加した場合

- ・支出金額……………………………………………400万円
- ・通常の管理または修理をしていた場合に予測される支出直前の価額……500万円
- ・支出直後の時価………………………………………800万円

800万円-500万円=300万円（資本的支出の金額）

400万円-300万円=100万円（修繕費の金額）

仕訳は以下のようになります。

（借方） 建 物 3,000,000円 （貸方） 現金預金 4,000,000円
修繕費 1,000,000円

2 資本的支出と修繕費の形式的区分基準

固定資産に対する支出が資本的支出か修繕費かの判定は、理論的にはともかく実務上は非常に困難といえます。

このため、税務執行上の事務簡素化などの面から、法人税基本通達で定めている一定の形式基準によって資本的支出と修繕費の区分をしている場合には、税務上はその区分による処理を認めることとしています。

この形式基準による区分の流れを示すと次のようになります。

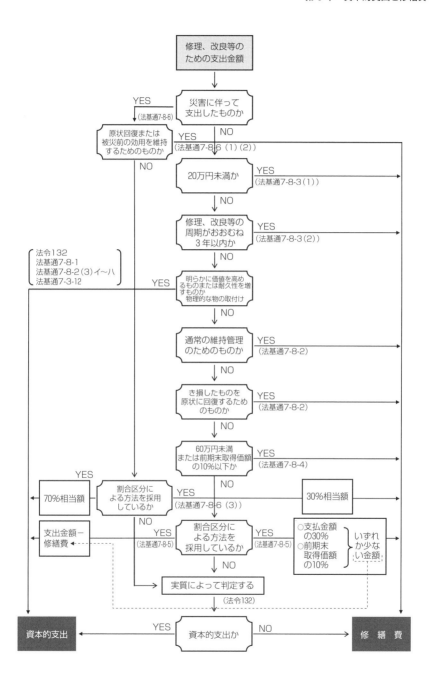

① 災害により支出したもの

災害により資産に損害を受けた場合に支出する原状回復のための費用は、修繕費になります。

② 少額または周期の短い費用

修理、改良などに要した金額が20万円未満のもの、およびおおむね3年以内の期間を周期として行われる修理、改良などは、修繕費として処理することができます。

③ 資本的支出となるもの

建物の避難階段の取付けなど物理的に物を取りつけた場合、用途変更などの模様替の費用、品質または性能の高い部品に取り替えた場合などは、資本的支出となります。

④ 修繕費になるもの

固定資産の修理、改良などのために支出した金額、固定資産の通常の維持管理のため、またはき損した固定資産につきその原状を回復するための費用は、修繕費となります。

⑤ 資本的支出か修繕費かがわからない場合

資本的支出か修繕費かが明らかでない金額がある場合には、その金額が60万円未満の場合、またはその金額がその固定資産の前期末取得価額の10％以下である場合には、修繕費として処理することができます。

⑥ 資本的支出か修繕費かがわからない場合（上記⑤に該当しない場合）

資本的支出か修繕費かが明らかでない金額がある場合には、その金額の30％相当額と、その固定資産の取得価額の10％相当額の少ない金額が、修繕費となります。

⑦ ソフトウエアの処理

プログラムの機能上の障害の除去、現状の効用の維持などは修繕費になりますが、新たな機能の追加、機能の向上などに要した費用は資本的支出になります。

3 資本的支出と修繕費に関する質疑応答

> ### Q 災害により支出したもの
>
> 当社の所有する建物に、先の大地震により相当の被害が出ました。当社では、この建物を原状回復するとともに、今後同規模の地震が起こっても損壊が出ないよう建物の補強工事も行う予定です。
>
> この原状回復の費用と補強工事の費用を合わせると約2,000万円ほどですが、この費用は修繕費として処理することができますか？
> また、金額の制限などはあるのでしょうか？

A 災害により固定資産に損害を受けた場合に支出する原状回復のための費用、および被災資産の被災前の効用を維持するために行う補強工事、排水、土砂崩れの防止などのために支出した費用は、その全額が修繕費となります。

また、原状回復費用、補強工事、排水、土砂崩れの防止などのための費用には、特に金額の制限はありません。

> ### Q 少額または周期の短い費用(1)
>
> 当社が所有する印刷機の調子がおかしく、修理を依頼したところ、取得から5年経過しており、使用枚数も多いことから、オーバーホウル（全修理）が必要といわれました。
>
> オーバーホウル（全修理）をしないと半年ももたないが、オーバーホウルをすればあと3、4年は寿命が延びるといわれました。
>
> ところで、このような「使用可能期間を延長させる部分に対応する金額」は、資本的支出に該当すると聞きましたが本当ですか？
> ちなみに今回のオーバーホウルの金額は、15万円です。

A ご質問のような「使用可能期間を延長させる部分に対応する金額」、および「価値を増加させる部分に対応する金額」は資本的支出に該当し、固定資産の取得価額に加算されます。

しかし、修理、改良等のために要した費用の額が20万円未満の場合には、修繕費として処理することができます。

御社の今回のオーバーホウルの金額は15万円とのことですので、修繕費になります。

Q 少額または周期の短い費用（2）

当社は製造業を営んでいますが、当社が所有するプラントの修理・改造の費用について質問します。このプラントの修理・改造はおおむね3年ごとに行っていますが、その費用は約2,000万円ほどかかります。

この修理・改造には部分品を品質または性能の高いものに取り替えたり、物理的な物の取付けなど「資本的支出」に該当するものも含まれますが、全額を修繕費で処理できますか？

また、金額などに、何か制限はありますか？

A その修理、改良などがおおむね3年以内の期間を周期として行われることが既往の実績その他の事情からみて明らかである場合には、修繕費として処理することができます。

御社のプラントの修理・改造も3年おきに行っているとのことですので、上記に該当し修繕費になります。

おおむね3年以内の期間を周期として行われていれば、その費用に、部分品を品質または性能の高いものに取り替えたり、物理的な物の取付けなど「資本的支出」に該当するものが含まれている場合にも、全額を修繕費として処理ができます。

また、金額などに制限はありません。

Q 資本的支出の例示
当社所有の外階段には屋根がなく、雨の日などに不都合があったので、このたび屋根を取り付けました。この屋根の取付けにかかった費用の勘定科目は何になりますか？

A
固定資産の修理、改良などに支出した金額のうち、その固定資産の価値を高め、またはその耐久性を増すこととなると認められる部分に対応する金額は、資本的支出になります。

ご質問のように屋根を付けたり、避難階段を取り付けるなど物理的にものを取り付けた場合には、資本的支出にあたるので、その支出した金額は「建物勘定」になります。

Q 資本的支出の金額
当社の工場は、建設から20年経過し、スチールサッシがさびてきたため、今期にアルミサッシに取り替えました。

このアルミサッシの取替えには、1,500万円の費用がかかりましたが、除却したスチールサッシと同品質の場合には、1,000万円で済むようです。

ところで、その固定資産の価値を高め、またはその耐久性を増すこととなるものは資本的支出になるそうですが、当社ではいくらの金額を資本的支出として建物勘定に計上すればよいですか？

A
固定資産の価値を高め、またはその耐久性を増すこととなるものは、資本的支出になります。

御社のように、部分品を特に品質または性能の高いものに取り替えた場

合には、その取替えに要した金額のうち通常の取替えに要すると認められる金額を超える部分の金額が資本的支出になります。

したがって、その取替えに要する金額（1,500万円）から、通常の取替えに要する金額（1,000万円）を控除した金額（500万円）が資本的支出となります。

Q 修繕費の例示

当社は住宅の賃貸を行っています。住宅の一室が退去したので、畳やふすま、壁紙の張替えなどリフォーム費用が50万円ほどかかりました。これらの費用は修繕費として処理して差し支えありませんか？

なお、畳、ふすま、壁紙などの材質は従前の物と同様の程度のものです。

A

法人がその有する固定資産の修理、改良などのために支出した金額のうち、その固定資産の通常の維持管理のため、またはき損した固定資産につきその原状を回復するために要したと認められる部分の金額は、修繕費として処理することができます。

御社が支出した、畳やふすま、壁紙の張替えなどにかかったリフォーム費用は上記に該当するので、修繕費として処理することができます。

Q 前期末取得価額とは

「修理、改良などの金額が、前期末における取得価額のおおむね10％相当額以下である場合には、修繕費になる」という規定がありますが、この前期末取得価額とはどういうものですか？　前期末「帳簿価額」とはどう違いますか？

ご質問の前期末取得価額とは、次の算式により計算されます。

前期末取得価額＝原始取得価額＋資本的支出－除却部分の金額

「原始取得価額」とは、最初に購入した金額です。この原始取得価額に以前に「資本的支出」があれば、これを加え、また「除却」があればその金額を控除します。

もし、以前に資本的支出も除却もなければ、購入金額になります。

これに対して、「帳簿価額」とは次の算式により計算されます。

帳簿価額＝取得価額－減価償却累計額

すなわち、「帳簿価額」は取得価額から減価償却累計額を控除しますが、前期末取得価額は減価償却累計額を控除せず、あくまでも取得価額がベースになるのでご注意ください。

Ｑ　前期末取得価額の 10% 以下の金額

当社の本社ビルは建築後 20 年を経過したため、建物の大規模修繕を予定しています。具体的には、防水工事、外壁工事、また手すりなどさびた部分の塗装工事が中心です。この修繕には 2,000 万円ほど費用がかかる予定です。

また、当社の本社ビルの当初の建設価額は 3 億円で、今までに資本的支出や除却はありません。

なお、今回の改修工事で使用する部材の材質は従前の物と同程度のものです。この修繕に要する 2,000 万円は、修繕費として費用に計上することができるでしょうか？

A 法人がその有する固定資産の修理、改良などのために支出した金額のうち、その固定資産の価値を高め、またはその耐久性を増すこととなると認められる部分に対応する金額は資本的支出となります。

一方、支出した金額のうちその固定資産の通常の維持管理のため、またはき損した固定資産につきその原状を回復するために要したと認められる部分の金額は、修繕費として処理することができます。

御社が今回予定している建物の大規模修繕は上記「固定資産の価値を高め、またはその耐久性を増す部分」と「固定資産の通常の維持管理のため、またはき損した固定資産につきその原状を回復するために要する金額」が混在し、厳密な区分は困難なものと考えられます。

このように資本的支出か修繕費かが明らかでない金額がある場合には、その金額が 60 万円未満の場合、またはその金額がその固定資産の前期末取得価額の10％以下である場合には、修繕費として処理することができます。

今回の大規模修繕の費用は 2,000 万円で、前期末取得価額 3 億円の 10％以下になるので、全額が修繕費として費用に計上できます。

Q 前期末取得価額の 10% 超の金額

当社の本社ビルは老朽化が進み、大規模な改修工事を行いました。この改修工事は建物の外装工事と内装工事を合わせて行ったため、その費用は 3,000 万円ほどかかりました。

また、当社の本社ビルの当初の建設価額は 2 億円で、今までに資本的支出や除却はありません。

なお、今回の改修工事で使用する部材の材質は従前の物と同程度のものです。この修繕に要する 3,000 万円はどのように処理すればよいでしょうか？また、当初の外装、内装はかなり除却されましたが、その除却損は計上できますか？

A 前の回答と同様ですが、「固定資産の価値を高め、またはその耐久性を増す部分」と「固定資産の通常の維持管理のため、またはき損した固定資産につきその原状を回復するために要する金額」が混在し、資本的支出か修繕費かが明らかでない金額がある場合には、その金額が60万円未満の場合、またはその金額がその固定資産の前期末取得価額の10％以下である場合には、修繕費として処理することができます。

しかし、今回の改修工事の費用は3,000万円で、前期末取得価額2億円の10％を超えているので、全額を修繕費とすることはできません。

このような場合には、御社が「割合区分」を採用する場合には、その金額の30％相当額（今回の場合には、3,000万円×30％で900万円）と、固定資産の前期末における取得価額の10％相当額（今回の場合には、2億円×10％で2,000万円）とのいずれか少ない金額が修繕費となり、残額が資本的支出となります。

よって、修繕費が900万円、資本的支出が2,100万円になります。

また、「割合区分」を採用する場合には、修繕費のなかに除却部分が織込み済みとの考えから、当初の外装、内装の除却損は計上できません。

Q **コンピュータウイルスの除去費用**

当社の販売管理ソフトにコンピュータウイルスが侵入し、その除去費用が100万円かかりました。この費用は修繕費で処理できますか？

また、今後の対策としてワクチンソフトの導入も検討していますが、その導入費用はどのように取り扱われますか？

A 法人が、その有するソフトウエアにつきプログラムの修正など を行った場合において、その修正などが、プログラムの機能上 の障害の除去、現状の効用の維持などに該当するときは、その修正に要し た費用は修繕費に該当します。

御社が支出したコンピュータウイルスの除去費用は、上記に該当するの で、全額修繕費で処理することができます。

また、ワクチンソフトは、少額減価償却資産（取得価額10万円未満）、 一括償却資産（取得価額10万円以上20万円未満）、中小企業の少額減価償 却資産の特例（取得価額30万円未満）に該当しない場合には、無形固定資 産として資産計上する必要があります。

第 **2** 部

消費税の取扱い

第 1 章

消費税の概要

消費税は、原則として国内におけるすべての物品等の譲渡または役務の提供に対して課税されますが、その概要は次のとおりです。

1 消費税の納税義務者

消費税の納税義務者は、次の取引の区分に応じ次のように定められています。

① 国内取引

消費税の課される取引を行う事業者（個人事業者および法人）

ただし、基準期間（個人事業者は前々年、法人は前々事業年度）の課税売上高が 1,000 万円以下である事業者は、課税の選択を行った場合を除き、納税義務が免除されます。→これを「免税事業者」といいます（「免税事業者」については 174 頁以下を参照）。

② 輸入取引

消費税の課される外国貨物を保税地域から引き取る者

Q サラリーマンや OL が行う取引

私は会社員ですが、このたび所有するマイカーを中古車業者に 100 万円で譲渡しました。この取引には消費税が課税され、納税する必要はありますか？

A

消費税の納税義務者（消費税を納める義務のある者）は、個人事業者および法人になります。それ以外のサラリーマン、OL または主婦の方などが行った取引は消費税の課税対象にはなりませんので、消費税を納める必要はありません。

Q 間接税とは

消費税を最終的に負担するのは誰ですか？　また、消費税は「間接税」といわれますが、間接税とはどのようなものですか？

A

間接税とは、税金を負担する人と納税する人が違う税金をいいます。消費税を納税する納税義務者は、国内取引の場合、法人および個人事業者ですが、消費税を実際に負担するのは消費者です。

このように、税金を負担する人と納税する人が違う税金を間接税といいます。ほかには、酒税やガソリン税などが該当します。

また、税金を負担する人と納税する人が同じ税金を直接税といいます。法人税、所得税、住民税、相続税などが代表的です。

2 納税地

　消費税の納税地は、国内取引および輸入取引の区分に応じ次のように定められています。

① 国内取引

　・個人事業者

　　所得税法で定める納税地とされ、一般的にはその個人事業者の住所地を所轄する税務署となります。

　・法人

　　法人税法で定める納税地とされ、一般的にはその法人の本店または主たる事務所の所在地を所轄する税務署となります。

② 輸入取引

　外国貨物の引取りに係る保税地域の所在地を所轄する税関となります。

3 課税期間

　消費税を計算する場合の計算期間を課税期間といい、原則として事業者の区分に応じ次のように定められています。

　・個人事業者

　　1月1日から12月31日までの期間（暦年）となります。

　・法人

　　その法人の事業年度となります。

　ただし、法人、個人事業者が「課税期間の短縮」を選択しますと、課税期間は3か月または1か月に短縮されます。これは輸出取引が多く、消費税の還付を受けることができる事業者が早く還付を受けたいときに利用されています。

4 消費税の課される取引

(1) 課税の対象となる取引

消費税の課税の対象となる取引は、取引の区分に応じ次のように定められています（「課税取引」の詳しい内容は 154 頁以下を参照）。

① 国内取引

国内において事業者が行った資産の譲渡および貸付ならびに役務提供をいいます。

② 輸入取引

保税地域から引き取られる外国貨物となります。

(2) 非課税取引

消費税は課税の対象となる取引のうち、資本・金融取引等のように消費の概念になじまないもののほか、政策的な理由から特定の医療、福祉、教育等については、非課税とすることとしています（「非課税取引」の詳しい内容は 156 頁以下を参照）。

(3) 免税取引

消費税は国内において消費される商品やサービスについて負担を求めるものなので、課税事業者が輸出取引や国際通信、国際運輸等のいわゆる輸出類似取引を行う場合には消費税が免除されることになっています。

また、特定の輸出物品販売場（免税店、デューティフリーショップ）を経営する事業者が、外国人旅行者などに対して一定の方法により商品を販売する場合にも消費税が免除されることになっています（「免税取引」の詳しい内容は 163 頁以下を参照）。

5　課税標準

　消費税の課税標準は、取引の区分に応じ次のように定められています。

①　国内取引

　課税資産の譲渡等の対価の額（消費税の課される取引に係る消費税抜きの対価の額）

②　輸入取引

　消費税の課される外国貨物の引取価額

> （注）　「**課税標準**」とは、各税法の規定により税額を算定する場合の基礎となる金額または数量のことをいいます。すなわち、税率が適用される金額または数量のことです。
> 　たとえば、法人税や所得税は「法人や個人の所得」が課税標準になり、酒税やガソリン税（揮発油税）は数量（kl）が課税標準になります。

6　税率

　「社会保障の安定財源の確保等を図る税制の抜本的な改革を行うための消費税法の一部を改正する等の法律」により、消費税率が下記のように改正されています。

	平成26年4月1日～令和元年9月30日	令和元年10月1日～2019年（軽減税率）	令和元年10月1日～2019年（標準税率）
税率	8%	8%	10%
消費税(国税)	6.3%	6.24%	7.8%
地方消費税	1.7%	1.76%	2.2%
地方消費税の計算	確定消費税 × $\dfrac{17}{63}$	確定消費税 × $\dfrac{22}{78}$	確定消費税 × $\dfrac{22}{78}$

> （注1）　平成9年3月31日までの取引については国税のみで、消費税の税率は3%でした。
> （注2）　平成9年4月1日から平成26年3月31日までの取引については税率5%（消費税〔国税〕4%、地方消費税1%）でした。

　「軽減税率制度」は、令和元年（2019年）10月1日以降に行う次の①および②の品目の譲渡を対象として実施されています。

① 飲食料品（酒類を除きます）

② 週 2 回以上発行される新聞（定期購読契約に基づくもの）

なお、①の飲食料品の譲渡には、いわゆる「外食」や「ケータリング」は含まれません。また、保税地域から引き取られる飲食料品についても軽減対象課税貨物として軽減税率の対象となります。

《参考》軽減税率の対象となる飲食料品の範囲（イメージ）

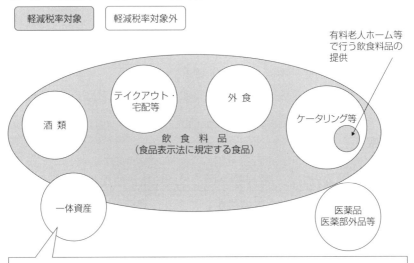

食品と食品以外の資産があらかじめ一体となっている資産で、その一体となっている資産に係る価格のみが提示されているもののうち、税抜価額が 1 万円以下であって、食品に係る部分の価額の占める割合が 2/3 以上のものに限り、全体が軽減税率の対象

消費税の税率
消費税の税率は何％ですか？

A マスコミなどでは消費税 10％（軽減税率 8％）といっていますが、正確には国税としての「消費税」の税率は 7.8％（軽減税

率6.24%）です。

その他に、都道府県民税として「地方消費税」があります。この「地方消費税」の税率は消費税額の22/78（消費税率換算では2.2%〔軽減税率1.76%〕相当）とされ、消費税と地方消費税とを合わせた税率が10%（軽減税率8%）となります。

レジなどでの支払いは、消費税と地方消費税は区別しませんし、仕訳のときも区別しませんので、一般にはあまり知られていません。この消費税と地方消費税は、消費税の申告書では分けて計算されます。

なお、平成9年3月31日までの取引については、地方消費税はなく、国税の消費税が3%課税されていました。

7 仕入税額控除

消費税は最終消費者が負担することになっていますので、課税事業者が消費者から預った消費税額（「課税標準額（課税売上高）に対する消費税額」）からその事業者が負担した消費税額を控除して（これを「仕入税額控除」といいます）納付すべき消費税額を求めることになっています（「仕入税額控除」の詳しい内容は191頁以下を参照）。

上記を算式に示すと以下のとおりです。

〈算 式〉

この場合において「課税仕入高に含まれる消費税額」は、事業者が負担した消費税実額に基づき算定することを原則としますが、基準期間の課税

売上高が 5,000 万円以下である事業者については、「課税売上高に対する消費税額」に所定の割合を乗じて求める方法（簡易課税制度）を選択することが認められています（「簡易課税制度」の詳しい内容は 235 頁以下を参照）。

8 申告納付

1. 国内取引の場合

　課税事業者は、課税期間の末日から2か月以内に所轄税務署長に確定申告書を提出し、納付すべき消費税額を国に納付しなければなりません（現在、個人事業者は、翌年の３月 31 日に申告納税を行えばよいことになっています）。

　なおその際、地方消費税の譲渡割（国内取引については「譲渡割」といいます）についても申告・納付することとされています。

　また、特定の課税事業者は、中間申告および納付を行うとされています（「中間申告」の詳しい内容は 241 頁以下を参照）。

2. 輸入取引の場合

　課税の対象となる外国貨物を引き取ろうとする者は、所轄税関長に申告および納付しなければなりません。

　なおその際、地方消費税の貨物割（輸入取引については「貨物割」といいます）についても申告・納付することとされています。

Q 申告期限の延長について
消費税にも申告期限の延長制度はありますか？

A 法人税・住民税・事業税には「申告期限の延長制度」があり、届出をすると申告期限が１か月延長されます。

　しかし、消費税には、これまで「申告期限の延長制度」がなく、たとえ

法人税で延長が認められていても消費税は 2 か月で申告納税する必要がありました。以前にこの取扱いを間違えた上場会社があり、消費税の申告書を法定申告期限から 11 日遅れて提出したため、「無申告加算税」が約 12 億円課税されてしまいました。見込納付もしており、脱税の意図は無いとして、会社側は提訴しましたが、敗訴しました。

　この事件を受けて、期限後申告であっても、次の要件をすべて満たす場合には無申告加算税は課されません。

①　その期限後申告が、法定申告期限から 1 か月以内に自主的に行われていること

②　期限内申告をする意思があったと認められる一定の場合に該当すること

　　なお、一定の場合とは、次の(i)および(ii)のいずれにも該当する場合をいいます。

(i)　その期限後申告に係る納付すべき税額の全額を法定納期限までに納付（見込納付）していること

(ii)　その期限後申告を提出した日の前日から起算して 5 年前までの間に、無申告加算税または重加算税を課されたことがなく、かつ、期限内申告をする意思があったと認められる場合の無申告加算税の不適用を受けていないこと

　令和 2 年度税制改正により、消費税の申告も 1 か月の延長が認められます。ただし、法人税の申告期限の延長の特例の適用を受ける法人に限られ、「消費税申告期限延長届出書」を期日までに税務署に提出する必要があります。

> **Q　個人事業者の申告期限**
>
> 私は個人で事業を営んでいます。所得税の確定申告期限は毎年
> 3 月 15 日までですが、消費税はいつまでに申告納税すればよいで
> しょうか?

A　消費税の申告期限は、課税期間の末日から 2 か月以内と定められていますが、個人事業者の場合には特例が設けられており、3 月 31 日が申告期限とされています。

　所得税の確定申告期限は、毎年 3 月 15 日ですが、消費税はそれより若干遅く 3 月 31 日までに申告納税すればよいことになります。

9 記帳義務等

　事業者は、帳簿を備え付けてこの帳簿に消費税の計算に必要な事項を記載し、一定期間保存しなければなりません(「記帳義務」の詳しい内容は 203 頁以下を参照)。

第 **2** 章

税抜経理方式と税込経理方式

　消費税は事業者に負担を求めるのではなく、税金分は事業者の販売する物品やサービスの価格に上乗せされ次々と転嫁され、最終的に消費者に負担を求める税です。

　この場合、生産、流通の各段階で二重三重に税が課されることのないように課税売上高に係る消費税額から課税仕入高に係る消費税額を控除し、税が累積しないような仕組み（多段階累積控除方式）がとられています。

　また、消費税の経理処理としては「税抜経理方式[*1]」と「税込経理方式[*2]」が認められています。

　(＊1)　税抜経理方式
　　　　取引の対価の額と当該取引に係る消費税の額とを区分して経理する方式をいいます。
　(＊2)　税込経理方式
　　　　取引の対価の額と当該取引に係る消費税の額とを区分しないで経理する方式いいます。

〈税抜経理方式の仕訳例〉

　小売業者Ａは４万円（税抜き）で仕入れた商品を甲（消費者）に６万円（税抜き）で販売した。(標準税率)

〈仕訳例〉……「仮払消費税」「仮受消費税」の仕訳は、地方消費税を含めた金額で行います。

- 仕入時　（借方）仕　　　　入　40,000 円　　　（貸方）現 金 預 金　44,000 円
　　　　　　　　　仮払消費税　　4,000 円

- 販売時　（借方）現 金 預 金　66,000 円　　　（貸方）売　　　　上　60,000 円
　　　　　　　　　　　　　　　　　　　　　　　　　　仮受消費税　　6,000 円

- 決算時　（借方）仮受消費税　　6,000 円　　　（貸方）仮払消費税　　4,000 円
　　　　　　　　　　　　　　　　　　　　　　　　　　未払消費税　　2,000 円

- 納付時　（借方）未払消費税　　2,000 円　　　（貸方）現 金 預 金　　2,000 円

（注）　消費税の納税は、決算から 2 か月後になりますので、決算時には「未払消費税」の科目で仕訳されます。

〈税込経理方式の仕訳例〉

小売業者 A は、4 万 4,000 円（税込）で仕入れた商品を甲（消費者）に 6 万 6,000 円（税込）で販売した。（標準税率）

〈仕訳例〉……仕訳はすべて、消費税、地方消費税を含めた金額で行います。

- 仕入時　（借方）仕　　　　入　44,000 円　　　（貸方）現 金 預 金　44,000 円

- 売上時　（借方）現 金 預 金　66,000 円　　　（貸方）売　　　　上　66,000 円

- 決算時　（借方）租 税 公 課　　2,000 円　　　（貸方）未払消費税　　2,000 円

- 納付時　（借方）未払消費税　　2,000 円　　　（貸方）現 金 預 金　　2,000 円

（注）　税込経理方式では、お客様から預かった消費税は「売上勘定（収益）」に計上され、支払った消費税は費用（今回のケースは「仕入勘定」）で処理されます。
　　このままでは、納付する「消費税相当額」は「利益」となってしまいますので、決算時に「租税公課勘定（費用）」を計上し、消費税で利益が発生しないように処理します。

第 3 章

消費税の課税対象・
不課税（対象外）・非課税

Q **消費税の取引について**
消費税では取引を4つに分類しているそうですが、その4つ
の取引とはどのようなものですか？

A 消費税における取引は以下の4つに分類されます。仕訳や入力
の際にはこれらの取引を混同しないよう注意が必要です。

① 課税取引

消費税が課税される取引です。

② 非課税取引

消費税は、課税の対象となる取引のうち、資本・金融取引等のよう
に消費の概念になじまないもののほか、政策的な理由から特定の医療、
福祉、教育等については、非課税とすることとしています。

③ 免税取引

消費税は、国内において消費される商品やサービスについて負担を
求めるものであるから、課税事業者が輸出取引や国際通信、国際運輸
等のいわゆる輸出類似取引を行う場合には、消費税が免除されること
になっています。

また、特定の輸出物品販売場を経営する事業者が、外国人旅行者などに対して、一定の方法により商品を販売する場合にも、消費税が免除されることになっています。

④ 不課税取引（対象外）

資産の譲渡、貸付け、役務提供に該当しない取引は、消費税では不課税（対象外）とされています。

各取引の詳しい内容は、このあと解説していきます。

1 消費税の課税対象

国内において事業者が行った「資産の譲渡等」に消費税が課税されます。

この消費税の課税対象となる「資産の譲渡等」とは、以下に示す資産の譲渡および貸付けならびに役務の提供をいいます。

なお、国内の範囲につきましては「**5** 国内取引について」で解説します。

・資産の譲渡および貸付け

「資産」には棚卸資産、建物などの有形資産のほか、特許権や営業権などの権利、その他、ソフトウエアや電話加入権などの無形資産も含まれます。「譲渡および貸付け」とは、いわゆる「売却および賃貸」をいいます。

・役務の提供

「役務の提供」とは、土木工事、修繕、運送、保管、広告、情報の提供、飲食、その他のサービスを提供することをいい、弁護士、税理士、作家、スポーツ選手等によるその専門的知識、技能等に基づく役務の提供も含まれます。

ただし、サラリーマン、OLなど給与所得者が受ける給与は、役務の提供の対価ですが、事業としての行為ではないので課税の対象とされません

（不課税取引〔対象外〕になります）。

> ## Q 「消費税」が大型間接税といわれる理由
> 消費税が導入された当時に「消費税は大型間接税だ」といわれ
> ていましたが、それはどのような理由からですか？

A 消費税が導入された当初、「消費税は大型間接税」といわれました が、それは消費税の課税ベースが広いからです。

消費税は、国内において事業者が行った「資産の譲渡等」に課税されますが、この「資産の譲渡等」とは、資産の譲渡および貸付けならびに役務の提供をいいます。

以下、代表的な具体例を掲げます。

・資産の譲渡

代表的な資産は「棚卸資産」です。「棚卸資産」とは、商品、製品をいいます。お店や会社が商品、製品を譲渡（販売）しますと当然消費税が課税されます。

資産の譲渡は、「棚卸資産」に限定されていませんので、会社などがその他の資産、たとえば、建物、備品、機械などの有形資産の譲渡や、特許権や営業権などの権利、また、ソフトウエアや電話加入権などの無形資産の譲渡にも消費税は課税されます。

・資産の貸付け

資産の貸付けの代表は「不動産の貸付け」です。現在、土地および住宅の貸付けは非課税ですが（後述します）、駐車場の貸付け、店舗、倉庫、事務所の賃貸には消費税が課税されます。

また、車や機械などの動産の貸付け、ソフトウエアの貸付け、いわゆる「リース」「レンタル」や特許権の貸付けにも消費税が課税されます。

・役務の提供

「役務の提供」とは、サービスを提供することをいいます。サービス業、飲食業の売上にも当然、消費税が課税されます。

　上記のように、ありとあらゆる取引に消費税が課税され、課税ベースが広いので、消費税が導入された当初、「消費税は大型間接税」といわれていました。

2 消費税の非課税取引

　資産の譲渡および貸付けならびに役務の提供（資産の譲渡等）に該当する取引であっても、消費税の消費に負担を求める税としての性格上、課税することがなじまないものや、政策上課税することが適当でないものについては非課税とされています。

　現在、消費税法では以下の17項目を非課税としています。

(1)　土地（土地の上に存する権利を含みます）の譲渡および貸付け

　　※非課税とされる土地の貸付けから除外される場合

　　　①　土地の貸付け期間が1月に満たない場合

　　　②　駐車場その他の施設の利用に伴って土地が使用される場合

(2)　国債や株式、金銭債権などの有価証券の譲渡、その譲渡が非課税とされない株式等

　　　株式又は出資形態のゴルフ会員権（「ゴルフ場利用株式等」といいます）および預託金形態のゴルフ会員権

(3)　小切手、約束手形、売上債権など支払手段の譲渡

(4)　金融取引に係る利子等および保険料

　　　次のものを対価とする資産の貸付けまたは役務の提供

　　　①　公社債、預貯金、貸付金の利子

② 　信用の保証としての役務提供

③ 　合同運用信託、公社債投資信託などに係る信託報酬を対価とする役務提供

④ 　保険料を対価とする役務提供

⑤ 　その他政令で定めるもの

(5) 　郵便局や郵便切手販売所が行う郵便切手類等（郵便切手類、印紙、証紙）の譲渡

　　（注）　郵便切手類の販売そのものが非課税とされ「郵便事業」は課税取引

(6) 　物品切手等（商品券・ビール券等、テレフォンカード等のプリペードカード）の譲渡

(7) 　国等が行う一定の事務に係る役務の提供

　　国、地方公共団体、公共法人、公益法人等が法令に基づいて行う一定の事務に係る役務の提供で、法令に基づいて徴収される手数料

(8) 　外国為替業務に係る役務の提供

(9) 　医療保険各法の規定に基づく医療等としての役務の提供等（いわゆる「社会保険診療の給付等」）

　　（注）　課税される医療等
　　　　・　差額ベッド代
　　　　・　健康診断（人間ドック）の費用
　　　　・　診断書作成料
　　　　・　美容整形
　　　　・　医療保険法の規定に基づかないいわゆる自由診療

(10) 　介護保険サービスの提供

　　介護保険法に基づく保険給付の対象になる居宅サービス、施設サービスなど

　　ただし、サービス利用者の選択による特別な居室の提供や送迎などの対価は非課税取引には当たりません。

(11) 　社会福祉事業等によるサービスの提供

　　社会福祉法に規定する第一種社会福祉事業、第二種社会福祉事業、

更正保護事業法に規定する更正保護事業などの社会福祉事業等による
サービスの提供

⑿　助産に係る役務の提供

⒀　埋葬料または火葬料を対価とする役務の提供

⒁　身体障害者用物品の譲渡や貸付け

　　義肢、盲人安全つえ、義眼、点字器、人口咽頭、車いす、改造自動
車などの身体障害者用物品の譲渡、貸付け、制作の請負およびこれら
の身体障害者用物品の修理のうち一定のもの

⒂　学校教育

　　学校教育法に規定する学校、専修学校、終業年限が１年以上などの
一定の要件を満たす各種学校等の授業料、入学検定料、入学金、施設
設備費、在学証明手数料など

⒃　教科用図書の譲渡

⒄　住宅の貸付（貸付期間が１か月未満は課税）

　　契約において人の居住の用に供することが明らかなもの

Q 「課税取引」と「非課税取引」の違い

消費税の「課税取引」と「非課税取引」の違いはどのようなものですか？　わかりやすく解説してください。

A 消費税の「課税取引」も「非課税取引」も、資産の譲渡および貸付けならびに役務の提供（資産の譲渡等）に該当しています。

　しかし、消費税法では、消費に負担を求める税としての性格上、課税することがなじまないものや、政策上課税することが適当でないものについて、17項目を非課税としています。

　たとえば、「土地の譲渡」は、消費税では「非課税取引」とされていますが、当然のことながら「資産の譲渡」に該当します。しかし、土地は消

費されない、という理由で消費税は非課税とされています。

　また、医師の「社会保険診療」や介護保険による役務提供、学校法人の授業料、住宅の家賃などは、社会政策的な配慮から消費税が非課税とされています。

Q　消費税の非課税取引(1)　駐車場の貸付け
　当社は、駐車場の経営を行っています。この駐車場はアスファルトを敷き、白線を引いて駐車場としての区画が整備されています。このような駐車場の収入は消費税が課税されますか？

A　消費税では、土地の貸付けは非課税とされています。しかし、駐車場その他施設の利用に伴って土地が使用される場合には、消費税が課税されます。

　具体的には、駐車場の場合、地面の整備、区画、建物を設置した場合、または車両、自転車などの管理をしている駐車場は、消費税の課税対象になります。

　上記に該当せず、単に土地のみを貸している駐車場は非課税になります。

　御社が経営する駐車場は、アスファルトを敷き、白線を引いて駐車場としての区画が整備されているとのことなので、消費税の課税対象になります。

Q　消費税の非課税取引(2)　ゴルフ会員権の売却
　当社では、このたびゴルフ会員権を市場で売買しました。このゴルフ会員権の売買は消費税が課税されますか？　また、このゴルフ会員権には将来返済される「預託金」も含まれていますが、この預託金部分の消費税の取扱いはどのようになりますか？

A ゴルフ会員権の譲渡は、実質的にはゴルフ場を優先的に利用できる権利の譲渡と認められますので、消費税の非課税となる株式や金銭債権の譲渡から除かれ、消費税の課税対象となります。この課税対象の範囲には、ゴルフ場に対する「出資金」や「預託金」も含まれますので、御社のケースでは売却金額全額が消費税の課税対象になります。

なお、ゴルフ会員権の売買は「内税取引」になっていますので、売却金額に 10/110 を乗じて「仮受消費税」を計算してください。

また、償還期限が到来し、「預託金」の返還を受ける場合には、資産の譲渡等に該当しないため消費税は課税されません。

Q　消費税の非課税取引(3)　郵便切手の取扱い①
郵便切手類等（郵便切手類、印紙、証紙）および物品切手等（商品券・ビール券等、テレフォンカード等のプリペイドカード）の譲渡は非課税とありますが、切手を購入した場合も非課税になりますか？
当社では切手を購入した際には「通信費」として、消費税は「課税取引」で処理していますが、この処理は誤りですか？

A 郵便切手が非課税になるのは、「郵便局や郵便切手類販売所」に該当しているお店などが郵便切手を販売したケースに限られます。

御社のように一般の会社が切手を購入するのは郵便サービスを受けるために購入するものであり、この郵便サービスは消費税の課税取引ですので、切手を購入した際の「通信費」は消費税の「課税取引」になります。

Q　消費税の非課税取引(4)　郵便切手の取扱い②
当社では、郵便局などで切手を購入した際、その一部を会社内にストックしています。このストックされた切手は、厳密にいうと、

消費税の課税取引である「郵便サービス」は受けていないことになりますが、この処理はどのようになりますか？

　当社では、切手を購入した際にはストック分も含めて全額を「通信費」として消費税の「課税取引」で処理していますが、この処理でいいでしょうか？

A　郵便切手は、郵便物に貼付してポストに投函した時点で「郵便サービス」を受けたことになります。したがって厳密にいうと、切手を購入し会社内にストックしている状態では「郵便サービス」を受けていないので、消費税を抜くこと（仕入税額控除）はできません。

　しかし、このような厳密的な取扱いをすると実務では混乱しますので、自社で使用する郵便切手は、継続して郵便切手を購入した日に消費税を控除すること（仕入税額控除）も認められています。

　御社では、切手を購入した際にはストック分も含めて全額を「通信費」として消費税の「課税取引」で処理しているとのことですが、その処理で問題ありません。

Q　消費税の非課税取引(5)　クレジット手数料の取扱い
　当社は婦人服の小売りを行っています。クレジットカードでお買い物をされたお客様の売上代金はクレジット会社から入金されますが、この際「カード手数料」が５％差し引かれ入金されます。
　このクレジット手数料は消費税ではどのような取引に該当しますか？

A　例題として、消費税込１万円の商品をクレジットカードで販売し、「カード手数料」が５％差し引かれて入金された取引を解説していきます（消費税の経理処理は「税抜経理方式」とします）。

　まず、お店で消費者に商品（婦人服）を販売した取引は当然「課税取引」

になりますので、以下の仕訳が行われます（標準税率）。

（借方）売掛金　　10,000　　　（貸方）売　　　　上　　9,091
　　　　　　　　　　　　　　　　　　　　仮受消費税　　909(*)

（*）　10,000円×$\frac{10}{110}$ ＝ 909円

御社では、上記売掛金を回収するためにカード会社に「売掛債権」を譲渡しますが、この取引は「金銭債権の譲渡」に該当し非課税取引になります。

カード会社から後日「カード手数料」5% が差し引かれ、入金されたときの仕訳は以下のとおりです。

（借方）　現金預金　　9,500　　　（貸方）　売掛金　　10,000
　　　　　支払手数料　　500
　　　　　（非課税）

売掛債権と実際の入金額との差額（今回のケースでは500円）は、支払手数料となりますが、これは利息と同様の性格がありますので、消費税は非課税取引となります。

Q　消費税の非課税取引(6)　私立幼稚園の授業料等

私は個人で「私立幼稚園」を営んでいますが、このような学校法人以外の個人経営の幼稚園が受け取る「入学金、授業料（保育料）、施設利用料」も、消費税は非課税になりますか？

A

消費税法では、当分の間、個人や宗教法人など学校法人以外の者が経営する幼稚園も学校教育法第1条に規定する幼稚園に該当することとされています。

あなたが経営する幼稚園の「入学金、授業料（保育料）、施設利用料」も消費税は非課税になります。

③ 消費税の免税取引

　消費税は、内国消費税であり、国内において消費される物品・サービスについて負担を求めるものであり、輸出取引等についてはその負担を求めないものとし、免税とされています。

1. 内容

　事業者が国内において行う、課税資産の譲渡等（課税の対象となる取引のうち、非課税以外の取引をいう）のうち、次に掲げるものについては消費税が免除されます。

　①　本邦からの輸出として行われる資産の譲渡または貸付け

　　　（注）　輸出とは、内国貨物を外国に向けて送り出すことをいう。

　②　国内および国内以外の地域にわたって行われる旅客もしくは貨物の輸送または通信（いわゆる国際運輸、国際通信）

　③　その他特定のもの（免税店や外国法人への役務提供）

　免税とは、消費税は課税されていますが、その税率が0%のものをいいます。すなわち0%税率で課税されますので、全部が「輸出取引」に該当しますと、以下のように自分が払った消費税は全額還付されます。

〈具体例〉

---

(1) 甲社は、輸出用商品（衣料品）を110,000,000円（税込価額）で仕入れた。
(2) 甲社は、上記商品をアメリカの法人に150,000,000円で輸出した。

---

1. 課税標準額（千円未満切捨）　　150,000,000円
2. 消費税額　　　　　　　　　　　150,000,000円×0%＝0円
3. 控除税額　　　　　　　　　　　$110,000,000 円 \times \dfrac{7.8}{110} = 7,800,000$ 円
4. 差引税額　　　　　　　　　　　0円－7,800,000円＝△7,800,000円
　　　　　　　　　　　　　　　　⇨還付消費税額

　なお、地方消費税（2.2%部分）についても還付されます。

　　$(7,800,000 円 \times \dfrac{22}{78} = 2,200,000 円)$

2. 輸出取引等の証明

　上記「輸出免税」の規定は、「輸出許可書等」を保存し、その取引が輸出取引等に該当するものと証明された場合に限り適用されます。

　日本の商社を経由して海外に製品を送ったなど、いわゆる「間接輸出」は適用されない場合がありますので注意が必要です。

Q **「非課税取引」と「免税取引」の相違点**
「非課税取引」と「免税取引」の違いがよく分かりません。両者の相違点を教えてください。

A まず、両者の共通点ですが、どちらも資産の譲渡および貸付けならびに役務の提供（資産の譲渡等）に該当しています。

　たとえば、自動車メーカーが車を海外に輸出する場合には、棚卸資産（製品）の譲渡に該当しています。

　両者の違いは、「免税取引」とは、消費税は課税されていますが、その税率が0%のものをいいます。

　消費税の税率 0％ ですので、仮に全部が「輸出取引」に該当しますと、自分が払った消費税は全額還付されます。

　それに対して、「非課税取引」は、消費に負担を求める税としての性格上課税することがなじまないものや、政策上課税することが適当でないものをいいます。

　また、仮に全部が「非課税取引」だとしても消費税は還付されません（詳しくは 220 頁以下「仕入税額控除(2)」で解説します）。

> **Q　消費税の免税取引(1)　日本の商社を経由した輸出**
> 当社では、製品の一部を中国や東南アジアに輸出しています。当社の製品を直接海外の会社に輸出する場合と日本の商社を経由して輸出する場合（製品は直接外国に行きますが伝票上、売上は商社に立ちます）がありますが、どちらも輸出免税の対象になりますか？

A　輸出免税の対象となるのは「輸出許可書等」の輸出したことを証する所定の書類を保存している場合に限られるので、御社が直接海外に輸出した売上は輸出免税の対象となりますが、日本の商社を経由した輸出は、日本の商社への売上（国内取引）になるので消費税は課税されます（当該商社が輸出免税の対象となります）。なお、その商社が単なる「名義貸し」で御社が「輸出許可書等」を保存し、かつ、御社が商社に「消費税輸出免税不適用連絡一覧表」を交付し、商社が輸出免税の適用を受けない場合には、御社で輸出免税の適用を受けることができます（この場合、商社は仕入、売上とも認識されず、受取手数料が国内取引として課税されます）。

Q 消費税の免税取引⑵ 外国法人からの受取手数料

当社は広告代理店ですが、このたびある外国法人（国内に支店等を有していません）から日本市場のマーケティング依頼を受け、その手数料を受領しました。この手数料には消費税が課税されますか？

A 国内における非居住者(外国法人)に対するマーケティングなどの役務提供は、輸出免税の対象になり消費税は課税されません。

なお、この外国法人が国内に支店等を有している場合には、その国内の支店等を経由して役務提供が行われたものとして輸出免税の対象になりませんが、その役務提供が国外の本店等との直接取引であり、国内にある支店等が直接的にも間接的にもかかわっていないこと、およびその国内にある支店等の業務は、その役務提供についての業務と同種または関連する業務でないことのいずれかの要件を満たす場合には輸出免税の対象になります。

Q 消費税の免税取引⑶ 免税店の取扱い

当社は小売店を営んでいますが、最近、外国人旅行者の来店が増えています。このような外国人旅行者に商品を販売した場合には、消費税は免税になりますか？

A 海外から来日している外国人旅行者等の非居住者が、みやげ品等として国外へ持ち帰る目的で輸出物品販売場で購入する一定の物品については、一定の要件の下に消費税が免除されます。

事業者が輸出物品販売場を開設し、この免税制度の適用を受けるためには、あらかじめ事業者の納税地を所轄する税務署に「輸出物品販売場許可申請書」を提出して許可を受けなければなりません。輸出物品販売場の許可を受けるためには、次のすべての条件に該当することが必要です。

〈一般型輸出物品販売場の許可要件〉

① 次のイ、ロの要件を満たす事業者（課税事業者に限る）が経営する販売場であること

　イ　現に国税の滞納（その滞納額の徴収が著しく困難であるものに限る）がないこと

　ロ　輸出物品販売場の許可を取り消され、その取消しの日から3年を経過しない者でないこと、またはその輸出物品販売場を経営する事業者として特に不適当と認められる事情がないこと

② 現に非居住者の利用する場所または非居住者の利用が見込まれる場所に所在する販売場であること

③ 非居住者に対して免税販売するための手続き（免税販売手続）に必要な人員を配置し、かつ、免税販売手続を行うための設備を有する販売場であること

(注1)　「免税販売手続に必要な人員を配置」とは、免税販売の際に必要となる手続きを非居住者に対して説明できる人員の配置で、パンフレット等を用いて非居住者に説明できる程度で差し支えありません。

(注2)　「免税販売手続を行うための設備を有する」とは、免税販売の際に必要となる手続きを行うためのカウンター等の設備があることをいいます。

〈免税対象物品の範囲〉

　非居住者が輸出するために購入する物品のうち、次の基準を満たす「通常生活の用に供する物品」のみが免税販売の対象になります。

免税対象物品の区分	販売価額（税抜）の合計額
一般物品（家電、バック、衣料品等）	5,000円以上
消耗品（飲食料品、医薬品、化粧品その他の消耗品）	5,000円以上50万円以下

(注1)　非居住者が事業用または販売用として購入することが明らかな物品は免税の対象となりません。

(注2)　金または白金の地金は免税対象物品から除かれています。

　また、免税で販売しようとする輸出物品販売場の事業者は、非居住者から旅券等の提示を受け、これに購入の事実を記載した輸出免税物品購入記録票をはり付けなければなりません。さらに、購入後国外へ持ち帰るものであることを記載した購入者誓約書の提出を受け、この誓約書を販売した日の属する課税期間の末日の翌日から２か月を経過した日から７年間保存する必要があります。

　１の旅行者に対し同一店舗で消耗品以外の物品の販売が１日 100 万円を超える場合には、その者のパスポートの写しを保存する必要があります。

4 消費税の不課税取引(対象外)

　消費税では、資産の譲渡等(資産の譲渡および貸付けならびに役務の提供)に係る対価に該当しないものは、消費税では不課税(対象外)となります。

　具体的には、以下のような取引は資産の譲渡等（資産の譲渡および貸付けならびに役務の提供）に該当しません。

① 給与、賃金などの人件費

② 受取保険金、受取損害賠償金

③ 受取配当金（利益の配当、剰余金の分配）

④ 寄附金、祝金、見舞金等

⑤ 国庫補助金、助成金等

> **Q** 「不課税取引(対象外)」と「非課税取引」の違いについて
> 「不課税取引（対象外）」と「非課税取引」の違いがよく分かりません。両者の違いを教えてください。

A 「課税取引」「非課税取引」「免税取引」と違い、「不課税取引（対象外)」だけは、資産の譲渡および貸付けならびに役務の提供（資産の譲渡等）に該当していません。

それに対して、「非課税取引」は、資産の譲渡および貸付けならびに役務の提供（資産の譲渡等）に該当していますが、消費税の消費に負担を求める税としての性格上、課税することがなじまないものや、政策上課税することが適当でないものをいいます。

また、海外で支出した交通費、宿泊代、食事代などは、日本の消費税の対象外になります。

Q　宗教法人の課税関係

宗教法人である当寺院では、お守りやお札をお渡しするとともに、ろうそく、線香なども販売しています。これらの収入には消費税は課税されますか？　また、お布施、戒名料、永代供養料はどのように取り扱われますか？

A お守りやお札の収入、およびお布施、戒名料、永代供養料など宗教活動に伴う喜捨金と認められるものは、資産の譲渡および貸付けならびに役務の提供（資産の譲渡等）に係る対価に該当しないとして、消費税では不課税（対象外）となります。

なお、ろうそく、線香などの販売は資産の譲渡に該当するので、消費税が課税されます。

「課税取引」「非課税取引」「免税取引」「不課税取引（対象外）」の まとめ

ここまで「課税取引」「非課税取引」「免税取引」「不課税取引（対象外）」を解説していただきましたが、一言でまとめるとどのようになりますか？

A 「課税取引」「非課税取引」「免税取引」「不課税取引（対象外）」を一言でまとめると以下のようになります。

- 課税取引…資産の譲渡および貸付けならびに役務の提供（資産の譲渡等）に該当
- 非課税取引…資産の譲渡および貸付けならびに役務の提供（資産の譲渡等）に該当

　　　ただし、消費に負担を求める税としての性格上課税することがなじまない、または政策上課税することが適当でないため消費税を課税しない。現在、非課税は 13 項目。

- 免税取引…資産の譲渡および貸付けならびに役務の提供（資産の譲渡等）に該当

　　　「免税取引」は、消費税は課税されているが、その税率は 0% なので消費税は発生しない。

- 不課税取引（対象外）…資産の譲渡および貸付けならびに役務の提供（資産の譲渡等）に該当しない

5 国内取引について

　消費税が課税されるのは、資産の譲渡および貸付けならびに役務の提供（資産の譲渡等）が国内で行われた場合に限られます。

　資産の譲渡等が「国内」において行われたかどうかの判定は、次の区分に応じ、それぞれに定める場所が国内にある場合には、その取引は、国内において行われた取引（以下「国内取引」といいます）とされ、課税の対象となります。

① 　資産の譲渡または貸付けである場合

　　その譲渡または貸付けが行われるときにおいて、その資産が<u>所在していた場所</u>

　　ただし、次の資産についてはそれぞれに定める場所が国内である場合に国内取引とされます。

　　　イ．船舶、航空機、特許権等……登録機関の所在地

　　　ロ．その他所在場所が明らかでない資産……譲渡または貸付けを行う者の事務所等の所在地

② 　役務の提供である場合

　　その役務の提供が<u>行われた場所</u>

　　ただし、次の役務の提供については、それぞれに定める場所が国内である場合に国内取引とされます。

　　　イ．国際運輸……出発地もしくは発送地または到着地

　　　ロ．国際通信……発信地または受信地

　　　ハ．国際郵便……差出地または配達地

　　　ニ．その他役務の提供が行われた場所が明らかでないもの

　　　　　　　　……役務の提供を行う者の事務所の所在地

　（注）　国外事業者が国境を越えて行う電子書籍、音楽、広告の配信などの電子商取引には、消費税が課税されています。

Q 「国際通信」「国際運輸」の取扱い

国際電話などの「国際通信」や海外出張の際の国際線航空運賃は国内取引に該当し、消費税が課税されますか？

A

日本からの国際電話などの「国際通信」や海外出張の際の国際線航空運賃は、「発信地」、「出発地」が日本国内になるので「国内取引」に該当します。

ただし、国際電話などの「国際通信」や海外出張の際の国際線航空運賃は「輸出類似取引」に該当するので、前に解説しました「免税取引」となり、消費税の税率は0％ですので、消費税は発生しません。

Q 日本国内と海外で行うコンサートに係る消費税の処理

当社はイベントの企画会社です。外国人アーティストを招聘して日本国内でコンサートを行った場合と、逆に日本人アーティストが海外でコンサートを行った場合の消費税の処理について教えてください。

A

御社が企画するコンサートのような役務提供は、「その役務の提供が行われた場所」により国内取引かそれ以外かが判定されます。

したがって、御社が外国人アーティストを招聘して日本国内でコンサートを行った場合には、「国内取引」となり、消費税の課税の対象になります。

逆に、日本人アーティストが海外でコンサートを行った場合は、役務提供が日本国内で行われていないので、「国内取引」には該当せず、消費税の課税対象にはなりません。

[練習問題]　次の取引につき、A課税取引、B非課税取引、C免税取引、D不課税取引（対象外）を番号で答えなさい。

① 法人が受ける所有株式に係る利益の配当金
② 病院が受ける差額ベッド代
③ 宗教法人が受け取る永代供養料
④ 個人タクシーのタクシー代
⑤ 会社で使用する郵便切手代
⑥ 国際通信代
⑦ 定年延長に対する助成金
⑧ 法人が受ける銀行預金の利息

1	2	3	4	5	6	7	8

[解答]

1	2	3	4	5	6	7	8
D	A	D	A	A	C	D	B

第4章

小規模事業者に係る納税義務の免除（免税事業者の取扱い）

　会社や個人事業者などの事業者のうち、その課税期間に係る基準期間における課税売上高が1,000万円以下である者については、その課税期間中に国内において行った課税資産の譲渡等につき、消費税を納める義務が免除されます。

　このように消費税を納税することを免除された事業者を「免税事業者」といいます。

1 制度の趣旨

　小規模零細事業者の納税事務負担および税務執行面の配慮から設けられた規定です。

2 基準期間

　基準期間は、事業者の区分に応じ、次のように定められています。

① 個人事業者

その年の前々年をいいます。

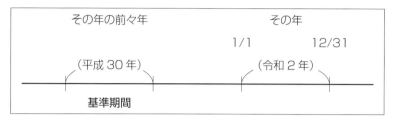

② 法人

その事業年度の前々事業年度をいいます。

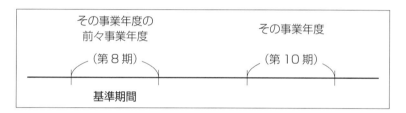

3 基準期間における課税売上高

基準期間における課税売上高は次の算式により求めます。

ただし、基準期間が1年でない法人については、課税売上高を1年分に換算して求めます。

〈算　式〉

基準期間中の 税抜課税資産の譲渡等の対価 の額の合計額	－	基準期間中の 売上げに係る税抜対価の返還等 の金額の合計額

〈図　解〉

〈基準期間における課税売上高についての留意点〉
① 　輸出免税等とされる取引高は課税売上高に含まれる
② 　消費税額は課税売上高に含めない……税抜対価とする（基準期間が課税事業者の場合）
③ 　基準期間において、免税事業者であった場合には税込み金額で判定
④ 　非課税とされる取引高は課税売上高に含めない

〈新規開業等した場合の納税義務の免除〉
　個人事業者の新規開業年とその翌年、法人の設立事業年度とその翌事業年度は、基準期間の課税売上高がないので原則として納税義務が免除される。

4 課税事業者の選択

　消費税を納める義務が免除されることとなる事業者が、その基準期間における課税売上高が1,000万円以下である課税期間につき、「消費税課税事業者選択届出書（第１号様式)」をその納税地を所轄する税務署長に提出した場合には、その提出をした事業者がその提出をした日の属する課税期間の翌課税期間以後の課税期間中に国内において行う課税資産の譲渡等については、納税義務の免除は適用されません（免税事業者から課税事業者に変更されます）。

5 納税義務免除の特例

　その課税期間の基準期間における課税売上高が、1,000万円以下である事業者については、課税事業者を選択している場合を除き消費税を納める義務が免除されるいわゆる「免税事業者」とされますが、事業者につき、相続、合併もしくは分割があったとき、または事業者が資本または出資の金額が1,000万円以上の新設法人に該当するときには、納税義務の免除の特例はありません。

〈基準期間の課税売上高に応ずる取扱いに関するポイント〉

```
　　　　　　　　　　　　　　　　　　　→ 原則として「免税事業者」となる
　　　　　　　　→ 1,000万円以下 ━━┓
┌─────────┐　　　　　　　　　　　→ 選択により「課税事業者」となる
│ 基準期間の │━┫
│ 課税売上高 │　　→ 1,000万円超 ━━→ 「課税事業者」となる
└─────────┘
```

　（注）　「納税義務の免除」の規定は、基準期間の課税売上高で判定し、その期の売上高の多少には関係ないのでご注意ください。

> ### 新規開業した場合の納税義務の免除、免税事業者は消費税を取ってよいか
>
> 　私は、システムエンジニアとして今年独立する予定です。個人事業主として独立するか、株式会社を設立するかまだ決定していませんが、どちらの場合にも開業から2年間は「免税事業者」になりますか？
>
> 　また、「免税事業者」になった場合にはお客様から消費税をいただくことはできませんか？

A　個人事業者の新規開業年とその翌年、法人の設立事業年度とその翌事業年度は、基準期間の課税売上高がないので原則として納税義務が免除されます。

　しかし、株式会社などの法人を設立した場合、資本または出資の金額が1,000万円以上の新設法人に該当するときには、納税義務の免除の特例はありませんので、設立第一期から「課税事業者」になります。

　また、「免税事業者」は消費税を取ってはいけないという規定ではありませんので、お客様から消費税をいただくことは可能です。ただ、その消費税を納めることは免除されています。「免税事業者」も自分が仕入れなどで支払う消費税があるので、まるまる得をするわけではありません。また、本来納税すべき消費税分は「益税」となり、法人税や所得税などの課税の対象となります。

Q　年の中途で法人設立や開業した場合の課税売上高の計算

基準期間の中途で法人設立や個人事業を開業した場合には、基準期間の課税売上高の計算はどのように行いますか？

　また、この計算は法人の場合と個人事業者では取扱いが異なりますか？

A　基準期間の中途で法人設立や個人事業を開業した場合の「基準期間の課税売上高」の計算は、個人事業者と法人ではその計算方法が異なります。

　まず個人事業者の基準期間は、その年の前々年とされていますが、その前々年の中途で開業した場合でも、その前々年における実際の売上により免税事業者の判定が行われ、1年分に売上を換算する必要はありません。

　たとえば、前々年に開業し、営業期間8か月で売上が800万円の場合には「免税事業者」になります。

　それに対して、法人の基準期間は、その事業年度の前々期とされていますが、個人事業者と異なり、基準期間が1年に満たない場合には、課税売上高を1年分に換算して判定する必要があります。

　たとえば、前々年に法人を設立し、営業期間 8 か月で売上が 800 万円の場合には、800 万円×12 月／8 月＝1,200 万円となり、課税売上高が 1,000 万円を超えるので「課税事業者」になります。

Q　基準期間に「免税事業者」であった場合の課税売上高の計算

　私は、個人で翻訳の仕事をしています。ところで、2 年前の売上は消費税込で 1,026 万円でした。

　消費税を除くと、売上は 950 万円（1,026 万円×100/108）で課税売上高 1,000 万円以下なので、今年は「免税事業者」に該当しますか？

　ちなみに、私は 2 年前も「免税事業者」でした。

A　会社や個人事業者などの事業者のうち、その課税期間に係る基準期間における課税売上高が 1,000 万円以下である者については、その課税期間中に国内において行った課税資産の譲渡等につき、消費税を納める義務を免除される「免税事業者」になります。

　この場合、課税売上高が 1,000 万円以下であるかどうかは、基準期間が課税事業者の場合は消費税額は課税売上高に含めない金額、すなわち、税抜きの金額になりますが、基準期間において、免税事業者であった場合には税込金額で判定されます。

　あなたの場合には、2 年前の基準期間において「免税事業者」であったとのことなので、課税売上は税込金額で判定され、税込金額は 1,000 万円を超えているので今年は課税事業者に該当します。

Q なぜ「課税事業者」を選択するのか

「免税事業者」に該当する事業者も税務署に「消費税課税事業者選択届出書」を提出すると「課税事業者」なれるそうですが、なぜ「課税事業者」を選択するのですか？

A 基準期間における課税売上高が 1,000 万円以下である場合には、消費税の納税を免除される「免税事業者」になりますが、税務署に「消費税課税事業者選択届出書」を提出すると「課税事業者」になることができます。

消費税を納める義務を免除される「免税事業者」から「課税事業者」になる理由で最も多いのが還付を受けるためです。

ここでもう一度、消費税の計算式を復習してみましょう。

課税期間の課税売上高に対する消費税額	−	課税期間の課税仕入高に含まれる消費税額	=	納付すべき消費税額

上記の計算式で「納付すべき消費税額」が出ても、「免税事業者」の場合にはその納税が免除されます。

しかし、テナントビルを建設するなど自分が払った消費税（課税仕入高に含まれる消費税）が売上に対する消費税よりも多い場合には消費税が還付されますが、「免税事業者」の場合には消費税の納税は免除されても、この還付も受けられません。

そこで、テナントビルを建設する際などには、「課税事業者」を選択し消費税の還付を受けられるようにします。

以下、事例を使って解説したいと思います。

ある個人の方が駐車場を経営しているとします（法人の場合でも同様です）。

Ｘ年の「課税売上」が800万円とすると、ＸⅡ年は「免税事業者」になります。

この方が、ＸⅡ年にテナントビルが完成した場合には、このままではＸⅡ年は「免税事業者」のため消費税の還付は受けられません。

そこで、ＸⅠ年に「消費税課税事業者選択届出書」を所轄税務署に提出し、ＸⅡ年を「免税事業者」から「課税事業者」に変更して還付を受けられるようにします。

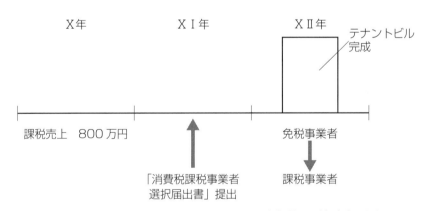

「平成 23 年度税制改正」による「免税事業者」の見直しについて

　「平成 23 年度税制改正」では、免税事業者の要件が一つ追加されました。

　これまで、免税事業者の判定は、「基準期間」の課税売上高のみで判定が行われていましたが、改正後は、前事業年度の半年間「指定期間」の課税売上高が 1,000 万円を超える事業者も免税事業者から除かれ課税事業者になります。

　また、「指定期間」における課税売上が 1,000 万円を超えるかどうかの判定は、同期間に支払った「給与の額」により判定することもできます。

　これは、中小企業の場合、中間決算を行っていないケースも多いので、「指定期間」における給与が 1,000 万円を超えていれば、売上も 1,000 万円以上と推定されるからです。

　たとえば、資本金 1,000 万円未満の法人を設立した場合には、第 1 期の半年間の課税売上が 1,000 万円を超えると、第 2 期は「課税事業者」になります。

特定新規設立法人の事業者免税点制度の不適用制度の創設

　平成24年の消費税法改正により、その事業年度の基準期間がない法人で、その事業年度開始の日における資本金の額または出資の金額が 1,000 万円未満の法人（新規設立法人）のうち、次の①、②のいずれにも該当するもの（特定新規設立法人）については、当該特定新規設立法人の基準期間のない事業年度に含まれる各課税期間における課税資産の譲渡等について、納税義務が免除されないこととなりました。

①　その基準期間がない事業年度開始の日において、他の者により当該新規設立法人の株式等の 50％ 超を直接または間接に保有される場合など、他の者により当該新規設立法人が支配される一定の場合(特定要件)に該当すること

②　上記①の特定要件に該当するかどうかの判定の基礎となった他の者および当該他の者と一定の特殊な関係にある法人のうちいずれかの者（判定対象者）の当該新規設立法人の当該事業年度の基準期間に相当する期間（基準期間相当期間）における課税売上高が 5 億円を超えていること

◎平成 26 年 4 月 1 日以後に設立される新規設立法人で、特定新規設立法人に該当するものについて適用されています。

出所：国税庁「消費税法改正等のお知らせ」（平成 25 年 11 月）

第 **5** 章

消費税の課税標準、資産の譲渡等の時期（売上計上時期）

1 国内取引に係る課税標準

・原則

国内取引に係る消費税の課税標準は、その課税期間中に行った課税資産の譲渡等の対価の額となります。

この場合、課税資産の譲渡等につき課されるべき消費税に相当する額は含まないものとされ、課税資産の譲渡等の税抜対価の額となります。

なお、課税標準の額に1,000円未満の端数があるときは、これを切り捨てます。

〈具体例〉

当課税期間における課税資産の譲渡等の対価の額が税込みで6億7,860万円である場合の課税標準額は次のようになる。（標準税率）

$$678,600,000 円 × \frac{100}{110} = 616,909,090 円 → 616,909,000 円$$
（千円未満切捨）

・特例

(1) 法人の役員に対する低額譲渡

① 事由

法人が役員に対して著しく低い価額[注]で資産を譲渡した場合

（注） 著しく低い価額とは、通常の販売価額（時価）のおおむね50％に満たない金額をいいます。

② 対価の額とされる金額

譲渡した資産の譲渡時の価額相当額（時価）を対価の額とみなします。

(2) 法人の役員に対する贈与および個人事業者の家事消費または使用

① 事由

(a) 法人が役員に対して資産を贈与した場合

(b) 個人事業者が棚卸資産または棚卸資産以外の事業用資産を家事のために消費・使用した場合

② 対価の額とされる金額

贈与・消費・使用時のその資産の価額相当額（時価）を対価の額とみなします。

ただし、棚卸資産については次の金額とすることが認められます。

・課税仕入れの金額
・通常の販売価額×50％
いずれか多い金額

Q **役員に対する低額譲渡**

当社所有のゴルフ会員権（時価1,000万円）を当社の社長に300万円で譲渡する計画を立てていますが、消費税の課税標準は、300万円で計算してよろしいですか？

また、他に法人税などで問題はありませんか？

A 法人が役員に対して著しく低い価額（通常の販売価額（時価）のおおむね50％に満たない金額）で資産を譲渡した場合の課税標準は、譲渡した資産の譲渡時の価額相当額（時価）となります。

したがって、御社のケースではゴルフ会員権の時価（1,000万円）が課税標準となります。

また、会社は時価1,000万円のゴルフ会員権を300万円で社長に譲渡しますと、差額700万円は社長に対する「役員賞与」と扱われ、この「役員賞与」は会社の損金に算入されません。

仕訳は以下のとおりになります。

（借方）　現金預金　　3,000,000　　　（貸方）　雑収入　　10,000,000
　　　　　役員賞与　　7,000,000

また、「役員賞与」は、個人の側では所得税、住民税も課税されますので、このような「役員に対する低額譲渡」はお勧めしません。

> **Q** **商品（棚卸資産）を自家消費した場合**
> 私は個人で電気店を経営しています。ところで、お店の商品であるテレビや冷蔵庫などを個人の生活に使用することがありますが、このような商品の自家消費は消費税ではどのように処理されますか？

A 個人事業者が商品や製品などの棚卸資産または棚卸資産以外の資産で事業の用に供していたものを家事のために消費し、または使用した場合には、事業として対価を得て行われた資産の譲渡とみなし（これを「みなし譲渡」といいます）、その家事消費時におけるその資産の価額（時価）を課税標準として消費税が課税されます。

ただし、今回の電気店におけるテレビなどのような商品、製品など（棚卸資産）については、その棚卸資産の仕入原価（税抜き）以上で、かつ、通常の販売価額の50％以上の金額を課税標準として消費税を計算する処

理も認められています。

（ケース I ）

仕入原価　10,000 円　　　通常の販売価額　30,000 円

　　通常の販売価額×50%　15,000 円　＞　仕入原価　10,000 円

　　　消費税の課税標準　15,000 円

（ケース II ）

仕入原価　10,000 円　　　通常の販売価額　18,000 円

　　通常の販売価額×50%　9,000 円　＜　仕入原価　10,000 円

　　　消費税の課税標準　10,000 円（通常の販売価額の 50% 以上）

　上記の計算のように、棚卸資産を家事消費した場合の消費税の課税標準は、課税仕入れの金額（仕入原価）と通常の販売価額の 50% のいずれか多い金額になります。

　　　（注）　所得税法では仕入原価と通常の販売価額の 70% のいずれか多い金額が家事消費の売上になりますので注意が必要です。

２ 輸入取引に係る課税標準

　保税地域から引き取られる課税貨物に係る消費税の課税標準は、その課税貨物の関税課税価格に消費税以外の消費税等および関税の額に相当する金額を加算した金額とします。

〈算　式〉

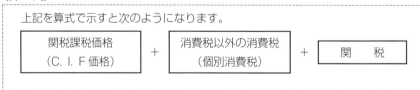

> **Q** 「消費税以外の消費税（個別消費税）」とは
>
> 「輸入取引に係る課税標準」の算式のなかに「消費税以外の消費税（個別消費税）」とありますが、これはどのようなものですか？

A 「消費税以外の消費税（個別消費税）」とは、具体的には、酒税、たばこ税、石油税などをいいます。

輸入取引に係る課税標準は、関税の課税価格（CIF価格）に酒税、たばこ税、石油税などの消費税以外の消費税（個別消費税）を加算し、さらに関税が加算された金額になります。

③ 資産の譲渡等の時期（売上計上時期）

消費税の納税義務は、課税資産の譲渡等をしたときに成立することとされており、具体的には取引の区分に応じ、次のそれぞれに定める日に資産の譲渡等があったものとされます。

(1) 棚卸資産の譲渡の時期

① 原則

棚卸資産の引渡しがあった日

（注）　引渡しの日の判定
　　　出荷した日、相手方が受領した日、相手方が検収した日など、その引渡しの日として合理的であると認められる日のうち、事業者が継続して適用している日によるものとされます。

② 委託販売

委託品について受託者が譲渡した日

ただし、売上計算書が1月を超えない一定期間ごとに送付されている場合で、継続してその売上計算書の到達した日を譲渡の日としているときは、これが認められます。

(2) 請負による資産の譲渡等の時期

① 物の引渡しを要する請負契約

目的物の全部を完成して相手方に引き渡した日

② 物の引渡しを要しない請負契約

約した役務の全部を完了した日

(3) 固定資産の譲渡の時期

固定資産の引渡しがあった日

ただし、土地、建物その他これらに類する資産については、契約の効力発生の日とすることも認められています。

> **Q 委託販売による資産の譲渡の時期**
>
> 当社は、アンティーク家具の販売を行っており、全国主要都市の家具店などに販売を委託する「委託販売方式」を採用しています。
>
> 委託販売先のお店屋さんからは、毎月月末に締め切った「売上計算書」が当社に翌月の15日から20日に送られてきます。
>
> 当社では、各店からの「売上計算書」の到達日をもって売上を計上し、消費税も計上していますが、このような処理でよろしいでしょうか?

A 御社が採用している「委託販売」については、原則、委託品について受託者が譲渡した日が資産の譲渡等の時期（売上計上の時期）とされます。

ただし、「売上計算書」が1月を超えない一定期間ごとに送付されている場合で、継続してその売上計算書の到達した日を譲渡の日としているときは、これが認められます。

御社のケースでは、毎月月末締めで「売上計算書」が送られてきている

とのことですので、上記の要件に該当し、「売上計算書」の到達日をもって売上を計上し、消費税を計上することも認められます。

　なお、この取扱いは、法人税、所得税の「収益計上時期」も同様の取扱いになっています。

Q **役務提供の報酬の収益計上時期**
当社は、各種のコンサルティングや社員教育を行っています。
　クライアントから全10回の社員教育の依頼を受けましたが、売上を計上し消費税を計上するのは、全10回の社員教育が完了した日になりますか、それとも1回ごとに収益を計上すべきですか？　なお、社員教育に対する報酬は全10回の社員教育が終了してから「請求書」を発行し受領します。

A 御社が請け負う社員教育のように「物の引渡しを要しない請負契約」については、「約した役務の全部を完了した日」が資産の譲渡等の時期（売上計上時期）になります。

　したがって、社員教育に対する報酬は、全10回の社員教育が終了した日が資産の譲渡等の時期（売上計上時期）になります。

　なお、この取扱いは、法人税、所得税の「収益計上時期」も同様の取扱いになっています。

　ただし、役務の提供に係る報酬の額が、現地に派遣する人数、および執務日数により算定され、かつ、一定の期間ごとにその金額を確定させて支払いを受けることとなっている場合には、その支払いを受けるべき報酬の額が確定する都度、その確定した金額を売上に計上し、消費税を計算する必要があります。

Q **土地、建物を譲渡した場合の収益計上時期**

当社は３月決算の会社ですが、今年の２月に当社所有の土地・建物を売却する契約を結びました。ところで、この土地・建物の引渡しまでには各種手続きを行う必要があるため、土地・建物の引渡しは同年の４月になる予定です。

当社では、この土地・建物売却に係る収益をいつ計上する必要がありますか？

A 固定資産を譲渡した場合の収益計上時期は、原則として、「固定資産の引渡しがあった日」となります。

ただし、土地、建物その他これらに類する資産については、契約の効力発生の日とすることも認められています。

御社のケースでは、売買契約をした２月に収益計上することも可能ですし、土地・建物を引き渡した４月に収益計上することも可能です。

なお、土地の譲渡は非課税になりますので消費税は発生しません。また、この取扱いは、法人税、所得税の「収益計上時期」も同様の取扱いになっています。

第 6 章

仕入税額控除⑴

◼1 仕入税額控除の具体例

　消費税は最終消費者が負担することになっていますので、課税事業者が消費者などから預った消費税額（「課税標準額（課税売上高）に対する消費税額」）からその事業者が負担した消費税額を控除して（これを「仕入税額控除」といいます）、納付すべき消費税額を求めることになっています。

```
┌─────────────────────────────────────────────────────────────────┐
│  ┌──────────────────┐     ┌──────────────────┐     ┌──────────┐  │
│  │ 課税期間の課税売上高に │  ─  │ 課税期間の課税仕入高に │  =  │ 納付すべき │  │
│  │  対する消費税額     │     │  含まれる消費税額    │     │  消費税額  │  │
│  └──────────────────┘     └──────────────────┘     └──────────┘  │
└─────────────────────────────────────────────────────────────────┘
```

　この場合において「課税仕入高に含まれる消費税額」は、事業者が負担した消費税実額に基づき算定することを原則とします。

　また、「仕入税額控除」の主な留意点は以下のとおりです。

① 　給与等を対価とする役務の提供は不課税取引となります。

　　俸給、給料、賃金、歳費および賞与ならびにこれらの性質を有する給与を対価として、雇用契約等に基づき労務を提供することをいいます。

② 消費者等からの仕入れ

　事業者が行う仕入れは、消費者または免税事業者からのものであっても、課税仕入れに該当します。

③ 寄附の取扱い

　金銭による寄附は、課税仕入れに該当しませんが、資産を贈与（寄附）した場合のその資産の取得は課税仕入れに該当します。

④ リース取引

　リース取引は資産の取得とされるので、契約した初年度で一括控除されます（売買処理の場合）。

⑤ 出張旅費、宿泊費、日当の取扱い

　通常必要であると認められる部分の金額[*]は、課税仕入れに該当します。ただし、海外出張に係るものは原則として課税仕入れに該当しません。

　　（＊）　支給を受けた者にとって所得税が非課税とされるものをいいます。

⑥ 通勤手当の取扱い

　通常必要であると認められる部分の金額は、課税仕入れに該当します。

⑦ 郵便切手類等の取扱い

　郵便切手類等または物品切手等は、購入時は課税仕入れに該当しないで、物品または役務の引換給付を受けたとき（郵便サービスを受けたとき）に課税仕入れとなりますが、事業者（会社、個人事業者）が、自ら引換給付（郵便サービス）を受けるものにつき、継続して対価を支払った日（すなわち「切手を買った日」）に課税仕入れとする処理も認められます。

⑧ 同業者団体等に対する会費、入会金等の取扱い

　会費、入会金等の支払いを受ける同業者団体等が課税資産の譲渡等に該当しないとしているときは、課税仕入れに該当しないものとしま

す（通常「不課税取引」になります）。

⑨　ゴルフクラブ等の入会金の取扱い

脱退時に返還されるものを除き、課税仕入れに該当します。

（注）　控除の時期
課税仕入れ等を行った日の属する課税期間で一括控除します。
・商品……取得した課税期間で控除されるので、期末に在庫となっているもの
も控除できます。
・減価償却資産……取得した課税期間で控除されるので、減価償却費は課税仕
入れに該当しません（不課税取引〔対象外〕になります）。

以下に主な「勘定科目」について、「仕入税額控除」が可能かどうかの「一覧表」を掲載します。

「仕入税額控除」ができるのは、「課税取引」のみになるので、「非課税取引」「免税取引」「不課税取引（対象外）」は、「仕入税額控除」はできませんのでご注意ください。

勘定科目	細　目	控除対象 ○	控除対象 ×	備　考
1.　仕　　　　　入	商　品　仕　入　高	○		土地・有価証券等は非課税のため控除不可
	原　材　料　仕　入　高	○		
	外　注　加　工　費	○		
2.　人　件　費　等			○	
3.　法　定　福　利　費			○	雇用主負担の社会保険料は非課税とされる保険料のため控除不可
4.　福　利　厚　生　費	通　勤　定　期　代	○		
	借　上　社　宅　代		○	
	海・山の家借上料	○		
	社　員　旅　行　費	○		海外旅行は対象外
	残　業　等　食　費	○		補助金は給与となり対象外
	住　宅　手　当		○	
	祝　金・香　典		○	
	組合・サークル補助金		○	
5.　旅　費・交　通　費				海外出張・海外駐在赴任に係るものは対象外（国内に係る部分は控

項目		課税	不課税	備考
	運賃（タクシー代含む）	○		除可）
	宿　泊　費	○		
	高 速 道 路 料 金	○		
	駐　車　料　金	○		
	出　張　日　当	○		
6. 通　信　費		○		国際通信に係るものは免税
7. 交　際　費				海外でのものは対象外
	接　待　飲　食　費	○		
	接　待　ゴ　ル　フ	○		ゴルフ場利用税部分は対象外
	旅　行　招　待	○		
	記 念 品・贈 答 品	○		商品券等は非課税
	祝　金・香　典		○	
8. 寄　附　金				
	金　銭　寄　附　金		○	
	現　物　寄　附　金	○		
9. 保　険　料			○	
10. 広 告 宣 伝 費		○		
11. 賃　借　料				
	地　　代		○	一時使用（1か月未満）の場合は対象 住宅として契約した場合は非課税
	事　務　所　家　賃	○		
	駐　車　場　代	○		
	リ　ー　ス　料	○		金利等が区分されている場合のその部分は非課税 平成20年4月1日以降のリース契約は契約時に一括控除（売買処理の場合）リース料で処理する場合には、月々控除も可
12. 租　税　公　課			○	
13. 水 道 光 熱 費		○		
14. 販 売 促 進 費		○		
15. 販 売 手 数 料		○		
16. 荷　造　運　賃				
	国　　内	○		
	国　　外		○	
17. 修　繕　費		○		
18. 減 価 償 却 費			○	
19. 事 務 用 品 費		○		
20. 消　耗　品　費		○		
21. 新 聞 図 書 費		○		
22. 特 許 使 用 料				
	国 内 登 録 の も の	○		
	国 外 登 録 の も の		○	
23. 諸　会　費				
	同業者団体等運営費補助		○	
	スポーツクラブ等入会金等	○		

24. 研修教育費		○	×	
	講 師 謝 礼	○		
	教 材 費	○		
	学校法人への授業料		○	相手方が課税しているものは可
	海外への留学費用		○	
25. 調 査 費		○		
26. 会 議 費		○		
27. 引 当 金 繰 入 額			○	
28. 貸 倒 損 失		○		売掛金の場合、貸付金などは対象外
29. 棚 卸 資 産 評 価 損			○	
30. 有 価 証 券 評 価 損			○	
31. 海外支店等の経費			○	
32. 雑 費 ほか				
	会計士・弁護士報酬	○		
	簡 易 飲 食 代	○		
	払 込 手 数 料	○		
	国等に対する諸手数料		○	
	罰 金		○	
	損害賠償金・和解金		○	
33. 使 途 不 明 金			○	
34. 支払利息・割引料			○	

勘定科目	細 目	控除対象		備 考
		○	×	
建 物		○		
構 築 物		○		
機 械 及 び 装 置		○		
車 両 及 び 運 搬 費		○		
工 具 器 具 備 品		○		
土 地			○	
借 地 権			○	
建 設 仮 勘 定			○	引渡しを受けている部分は仕入税額控除可
営 業 権		○		
繰 延 資 産		○		

Q 消費者や免税事業者からの仕入れなど

当社は中古自動車の販売をしています。いわゆる消費者の方から中古自動車を購入しますが、特に「消費税相当額」は上乗せしていません。このような場合には当社では、「仕入税額控除」はできないの

でしょうか？

　また、ホームページの作成などで「免税事業者」の方に手数料を支払う場合がありますが、請求書に「消費税」の記載がない場合にはどのように処理すればよいでしょうか？

A 資産の譲渡および貸付けならびに役務の提供（資産の譲渡等）に該当する課税取引は、相手方が「消費者」や「免税事業者」であっても、課税仕入れの対象となり、御社では「仕入税額控除」をすることができます。

　この場合に、領収書や請求書に「消費税相当額」の記載がない場合には、その期額を「税込金額」とし、110分の10（標準税率の場合）を乗じて消費税を抜き出し、「仕入税額控除」をすることができます。

Q 現物寄附の取扱い

　当社では、毎年近隣の公立小学校に10万円の寄附を行っていますが、今年はパソコン数台を購入のうえ、公立小学校に寄附する計画を立てています。

　ところで、金銭による寄附は、消費税の「仕入税額控除」はできないと思いますが、今回のようにパソコンを購入して寄附する「現物寄附」は、消費税はどのように処理されますか？

A ご指摘のとおり、金銭による寄附は消費税の「仕入税額控除」はできませんが、御社がパソコンを購入する取引は「課税取引」に該当します。したがって、パソコンの購入に係る消費税は、御社で「仕入税額控除」が可能です。

> # Q 「リース料」は、いつ仕入税額控除するのか
>
> 平成 20 年 3 月以前に契約したリース取引と、平成 20 年 4 月以降に契約したリース取引では、法人税、消費税などの税務処理が変更されたとのことですが、具体的にどのように処理すればよいか教えてください。
>
> また、消費税の「仕入税額控除」はいつ行えばよいですか？

A 平成 20 年 3 月以前に契約したリース取引と、平成 20 年 4 月以降に契約したリース取引について、設例を使って説明します。

〈設例〉

• 取得価額（リース総額、消費税を含む）：6,300,000 円

• リース期間：5 年（60 回）

• 税抜経理処理を採用

◎平成 20 年 3 月以前のリース契約

　まず最初に「平成 20 年 3 月以前のリース契約」について確認します。

　平成 20 年 3 月以前のリース取引は一般に賃貸借処理を行っていましたので、リース料支払い時に下記の仕訳を行いました。

（借方）	賃借料	100,000	（貸方）	現金預金	105,000
	（リース料）				
	仮払消費税	5,000			

　上記の仕訳のように消費税の「仕入税額控除」は月々のリース料支払いにときに行い、賃貸借処理のため決算時には特に処理は必要ありません。

◎平成 20 年 4 月以降のリース契約

平成 20 年 4 月以降のリース契約は、以下のように処理されます。

※ 取得価額（リース総額、消費税を含む）: 6,600,000 円として計算します。

（処理 1）資産計上する場合

資産計上する場合には、取得時（リース契約時）に以下の仕訳をします。

（借方） リース資産 6,000,000 （貸方） リース債務 6,600,000
仮払消費税 600,000

消費税の「仕入税額控除」は取得時に全額行います。

そして、リース料支払い時は以下の仕訳をします。

（借方） リース債務 110,000 （貸方） 現 金 預 金 110,000

リース物件を資産計上する場合には、決算時にリース期間定額法により減価償却を行います。

（借方） 減価償却費 1,200,000[(*)] （貸方） リース資産 1,200,000

（＊） リース定額法 6,000,000 円 × $\dfrac{12}{60}$

なお、平成 20 年 4 月 1 日以降に締結する契約については、会計上、売買処理が強制される上場企業、資本金 5 億円以上または負債総額 200 億円以上の大会社は、税務上も上記のような資産計上処理に限定されます。

（処理 2）賃貸借処理で消費税は月々（リース料支払い時）に控除する場合

平成 20 年 4 月 1 日以降に締結するリース契約についても会計上、売買処理が強制されない中小企業（上場企業、資本金 5 億円以上または負債総額 200 億円以上の大会社以外の会社）は、今までとまったく同じように消費税の「仕入税額控除」をリース料支払い時に行うことも可能です。

　この場合には、「平成 20 年 3 月以前のリース契約」とまったく同様の処理になり、リース料支払い時に下記の仕訳を行います。また、賃貸借処理のため、決算時には特に処理は必要ありません。

（借方）	賃借料	100,000	（貸方）	現金預金	110,000
	（リース料）				
	仮払消費税	10,000			

Ｑ　出張旅費、宿泊代、日当の取扱い

当社では出張する従業員などに「社内旅費規定」に基づき、航空運賃、JR 代などの交通費、宿泊費、また食事や出張の実費弁済のための日当を支給していますが、これらは消費税の「仕入税額控除」が可能でしょうか？

また、海外出張の際は、どのように取り扱われますか？

Ａ

職務上または転任に伴う転居などのための旅行に必要な支出に充てるための交通費、宿泊代、日当、引っ越し代など、その旅行に通常必要な金額は消費税の課税仕入れに該当するので、御社が支給する「航空運賃、JR 代などの交通費、宿泊費、また食事や出張の実費弁済のための日当」はすべて「仕入税額控除」が可能です。

　ただし、海外出張の場合の航空運賃、宿泊代、日当などは、免税取引および不課税取引（対象外）になるので、国内の交通費などを除き「仕入税額控除」の対象にはなりません。

Ｑ　給与課税される「通勤手当」の取扱い

当社の従業員の数名は遠方から新幹線通勤をしていて、所得税法の非課税（月額 15 万円）を超過し給与課税をしています（通勤手当の非課税限度額については 252 頁を参照）。

　ところで、従業員の給与は「不課税取引」とされ「仕入税額控除」ができないそうですが、この給与課税された「通勤手当」も「仕入税額控除」は認められませんか？

A　従業員などの通勤に通常必要であると認められる「通勤手当」については、所得税法上非課税限度額（月額15万円）を超えるため、その一部が給与課税される場合であっても、その「通勤手当」は課税仕入れに該当しますので、御社では、通勤手当に係る消費税全額を「仕入税額控除」することができます。

Q　**郵便切手の取扱い［再掲載］**
　当社では、郵便局などで切手を購入した際、その一部を会社内にストックしています。このストックされた切手は、厳密にいうと、消費税の課税取引である「郵便サービス」は受けていないことになりますが、この処理はどのようになりますか？
　当社では、切手を購入した際にはストック分も含めて全額を「通信費」として消費税の「課税取引」で処理していますが、この処理でいいでしょうか？

A　郵便切手は郵便物に貼付してポストに投函した時点で「郵便サービス」を受けたことになります。したがって厳密にいうと、切手を購入し会社内にストックしている状態では「郵便サービス」を受けていないので、「仕入税額控除」することはできません。

　しかし、このような厳密的な取扱いをすると実務では混乱するので、自社で使用する郵便切手は、継続して郵便切手を購入した日に「仕入税額控除」することを認められています。

　御社では、切手を購入した際にはストック分も含めて全額を「通信費」

として消費税の「課税取引」で処理しているとのことですが、その処理で問題ありません。

> **Q　ゴルフ会員権の購入**
>
> 当社では、このたび法人のゴルフ会員権をゴルフ会員権仲介業者の仲介により、市場で購入しました。このゴルフ会員権の購入は「仕入税額控除」の対象になりますか?
>
> また、ゴルフ会員権には将来返済される「預託金」も含まれていますが、この預託金部分の消費税の取扱いはどのようになりますか?

A　ゴルフ会員権の譲渡は、実質的にはゴルフ場を優先的に利用できる権利の譲渡と認められるので、消費税の非課税となる株式や金銭債権の譲渡から除かれ、消費税の課税対象となります。

この課税対象の範囲は、御社のようにゴルフ会員権仲介業者の仲介により市場で購入した場合には、ゴルフ場に対する「出資金」や「預託金」も含まれますが、購入金額全額が消費税の課税対象になります。

なお、ゴルフ会員権の売買は「内税取引」になっているので、購入金額に110分の10を乗じて「仮払消費税」を計算してください。

ゴルフ会員権を市場ではなく、新規にゴルフ場に入会した場合には、「入会金」など退会時に返還されない金額については「仕入税額控除」の対象になりますが、「預託金」など償還期限が到来し退会の際に返還を受ける金額は、資産の譲渡等に該当しませんので、消費税の「仕入税額控除」の対象にはなりません。

> **Q　キャンセル料の取扱い**
>
> 当社では、国内の社員旅行を計画し旅行代理店に予約をしていましたが、直前に不測の事態が発生し、やむなくこの社員旅行を中止

しました。旅行直前のため旅行代理店には規定の「キャンセル料」を支払いましたが、この「キャンセル料」は「仕入税額控除」の対象になりますか？

A　「キャンセル料」には、課税の対象になり「仕入税額控除」できる「解約に伴う事務手数料」の部分と、対価性がなく「仕入税額控除」の対象とならない「損害賠償金」が含まれています。

そして、この「キャンセル料」を手数料部分と損害賠償金部分に区分することなく一括して支払う場合には、「キャンセル料」全額が「不課税取引（対象外）」となり、「仕入税額控除」の対象にはなりません。

なお、「キャンセル料」が手数料部分と損害賠償金部分に区分されているときは、「キャンセル料」のうち手数料部分の金額は「課税取引」となり、「仕入税額控除」の対象になります。

Q　敷金のうち返還されない部分の金額の処理

当社は新規に事務所を賃借しました。この賃借に当たり、ビルオーナーには敷金として 1,000 万円を支払いました。この敷金の 1,000 万円は、この事務所を退去する際には返却されますが、その 20％ の 200 万円は償却され戻ってきません。この返却されない 200 万円は消費税の「仕入税額控除」の対象になりますか？

また、「仕入税額控除」の対象なる場合には、いつ「仕入税額控除」ができますか？

A　御社が支払った敷金のうち償却され返却されない部分の金額は、消費税の「課税取引」に該当し、「仕入税額控除」の対象になります（返還されない敷金 200 万円は内税金額になるので、110 分の 10 を乗じて「消費税相当額」を算出してください）。

　また、「仕入税額控除」の時期ですが、賃借の時点で返還されない金額が確定しているので、賃借の際に「消費税相当額」の全額を「仕入税額控除」することができます。

　なお、この「敷金のうち償却され返却されない部分の金額」は、法人税では「建物を賃借するために支出する権利金等」になり、法人税上の繰延資産に該当し、償却期間5年で償却を行います。

> ### Q 「建設仮勘定」の取扱い
> 　当社は現在、本社ビルの建設を行っています。当期において建設会社に「着手金」と「中間金」を支払い、それぞれ「建設仮勘定」に計上しています。この「建設仮勘定」に計上した金額は、「仕入税額控除」の対象になりますか？

A　御社が建設会社に「着手金」や「中間金」を支払い、「建設仮勘定」に計上した金額は、まだ本社ビルの引渡しを受けていないので「仕入税額控除」の対象にはなりません。

　本社ビルが完成し、引渡しを受けた時点で、本社ビルの建設代金全額に対する消費税が「仕入税額控除」の対象となります。

　ただし、「建設仮勘定」で処理している場合でも、その目的物の一部について引渡しを受けている場合には、その引渡しを受けた部分に相当する消費税は「仕入税額控除」の対象とすることもできます。

2 仕入税額控除の要件

　「仕入税額控除」は、会社などの事業者がその課税期間中の課税仕入れ等の税額の控除に係る「帳簿および請求書等」を保存している場合に限り適用されます。

　ただし、支払対価の額が3万円未満である場合や、自動販売機による仕入れなど相手方から「請求書等」がもらえないなど特定の場合には、帳簿のみの保存で「仕入税額控除」が認められます。

　また、地震や風水害、火災などの災害でやむを得ない事情があるときは、「帳簿および請求書等」の保存がなくても認められます。

(1)　帳簿の記載事項
　①　課税仕入れの場合（国内取引）
　　イ．課税仕入れの相手方の氏名または名称
　　ロ．課税仕入れを行った年月日
　　ハ．課税仕入れに係る資産または役務の内容
　　ニ．課税仕入れに係る支払対価の額
　②　課税貨物の引取りの場合（輸入取引）
　　イ．課税貨物を保税地域から引き取った年月日
　　ロ．課税貨物の内容
　　ハ．課税貨物の引取りに係る消費税額および地方消費税額またはその合計額

(2)　請求書等の記載事項
　①　課税仕入れの場合（国内取引）
　　(i)　課税仕入れについての相手方が発行した領収書、請求書、納品書その他の書類で、次の事項が記載されているもの
　　　イ．書類の作成者の氏名または名称
　　　ロ．課税資産の譲渡等を行った年月日
　　　ハ．課税資産の譲渡等に係る資産または役務の内容
　　　ニ．課税資産の譲渡等の対価の額
　　　ホ．書類の交付を受ける事業者の氏名または名称（ただし、小売業

者、タクシー業、旅客運送業、飲食業、駐車場業など不特定多数の
者に販売する事業を除きます）

(ⅱ)　課税仕入れを行った事業者が作成した仕入明細書、仕入計算書そ
の他の書類で、次の事項が記載されているもの（本書類に記載され
ている事項につき、当該仕入の相手方の確認を受けたものに限ります）

　　イ．書類の作成者の氏名または名称

　　ロ．課税仕入れの相手方の氏名または名称

　　ハ．課税仕入れを行った年月日

　　ニ．課税仕入れに係る資産または役務の内容

　　ホ．課税仕入れに係る支払対価の額

②　課税貨物の引取りの場合（輸入取引）

　　所轄税関長から交付を受ける輸入許可書その他の書類で、所定の事
項が記載されているもの

(3)　帳簿等の保存期間等

　　帳簿および請求書等は、これを整理し確定申告期限後7年間保存しな
ければなりません。

　　なお、保存期間が5年を経過したものについては、帳簿か請求書等の
いずれか一方を保存すればよいこととされています。

Q　**「帳簿」の範囲について**
「仕入税額控除」の適用要件として保存が必要とされる「帳簿」
の範囲はどのようなものですか？　いわゆる伝票会計を採用している
場合には、伝票を保存している場合も認められますか？

A　「仕入税額控除」の適用要件として、下記の事項を記載した「帳
簿」を保存することが要件とされています。

205

① 課税仕入れの場合（国内取引）

　イ．課税仕入れの相手方の氏名または名称

　ロ．課税仕入れを行った年月日

　ハ．課税仕入れに係る資産または役務の内容

　ニ．課税仕入れに係る支払対価の額

② 課税貨物の引取りの場合（輸入取引）

　イ．課税貨物を保税地域から引き取った年月日

　ロ．課税貨物の内容

　ハ．課税貨物の引取りに係る消費税額および地方消費税額またはその
　　合計額

　上記の事項を「総勘定元帳」に記載することが求められますが、「総勘定元帳」でなくても以下の書類でも認められます。

- 伝票会計を採用している場合で、伝票を勘定科目別に綴じ合わせたもの
- 「現金出納帳」「預金出納帳」「小口現金出納帳」に上記要件を記載し、総勘定元帳に「合計転記」を行ったもの
- フランチャイズ店の本部が作成・編集した仕入れおよび売上に関する書類で上記の要件が記載されたもの

Q 「クレジットカード利用明細書」など

「仕入税額控除」の適用要件として保存が必要とされる「請求書等」は、請求書、納品書、領収書に限られますか？

　たとえば、クレジットカード会社から毎月送られてくる「クレジットカード利用明細書」やリース会社から送られる「支払予定表」などは、消費税で規定する「請求書等」に該当しますか？

A クレジットカード会社から毎月送られてくる「クレジットカード利用明細書」は、「仕入税額控除」の適用要件として保存が必要とされる「請求書等」には該当しません。

ただし、クレジットカードを使用した場合の、相手の会社やお店が発行する「クレジットカード売上票」は「仕入税額控除」の適用要件として保存が必要とされる「請求書等」に該当します。

また、リース会社から送られる「支払予定表」なども、消費税で規定する「請求書等」に該当します。

Q **消費者などからの仕入れで「請求書」が入手できない場合**

当社は中古自動車の販売をしています。ところで聞くところによると、消費者の方から中古自動車を購入(仕入)した場合にも「仕入税額控除」ができるそうですが、この場合は「仕入税額控除」の適用要件として保存が必要とされる「請求書等」はどのようにすればよいですか？

A 「仕入税額控除」の適用要件として、「課税仕入れについての相手方が発行した領収書、請求書、納品書その他の書類で、次の事項が記載されているもの」を保存することが要件とされています。

イ．書類の作成者の氏名または名称

ロ．課税資産の譲渡等を行った年月日

ハ．課税資産の譲渡等に係る資産または役務の内容

ニ．課税資産の譲渡等の対価の額

ホ．書類の交付を受ける事業者の氏名または名称（ただし、小売業者、タクシー業、旅客運送業、飲食業、駐車場業など不特定多数の者に販売する事業を除きます）

　ところで、御社のように消費者から仕入れる場合には、上記の要件を満たす「請求書等」を受領できないケースも想定されます。

　そこで御社で以下の事項を記載した「仕入明細書」や「仕入計算書」を作成し、間違いがないか相手方に確認のうえ、その「仕入明細書」や「仕入計算書」を保存する方法も認められます。

イ．書類の作成者の氏名または名称…御社の社名になります。

ロ．課税仕入れの相手方の氏名または名称…お客さんの氏名、住所になります。

ハ．課税仕入れを行った年月日…自動車を購入した年月日です。

ニ．課税仕入れに係る資産または役務の内容…仕入れた自動車の内容になります。

ホ．課税仕入れに係る支払対価の額…購入金額になります。

3 区分記載請求書等保存方式

1. 帳簿・請求書等の記載方法

　令和元年（2019 年）10 月 1 日から令和 5 年（2023 年）9 月 30 日までは、「区分記載請求書等保存方式」になります。「区分記載請求書等保存方式」の記載方法は以下のとおりです。

	請求書等保存方式 （令和元年9月30日までの取扱い）	区分記載請求書等保存方式 （令和元年（2019年）10月1日から 令和5年（2023年）9月30日ま での間）
帳簿	①　課税仕入れの相手方の氏名または名称 ②　課税仕入れを行った年月日 ③　課税仕入れに係る資産または役務の内容 ④　課税仕入れに係る支払対価の額	①　課税仕入れの相手方の氏名または名称 ②　課税仕入れを行った年月日 ③　課税仕入れに係る資産または役務の内容 （課税仕入れが他の者から受けた軽減対象資産の譲渡等に係るものである場合には、資産の内容および<u>軽減対象資産の譲渡等に係るものである旨</u>） ④　課税仕入れに係る支払対価の額
請求書等	①　書類の作成者の氏名または名称 ②　課税資産の譲渡等を行った年月日 ③　課税資産の譲渡等に係る資産または役務の内容 ④　課税資産の譲渡等の対価の額（税込価格） ⑤　書類の交付を受ける当該事業者の氏名または名称	①　書類の作成者の氏名または名称 ②　課税資産の譲渡等を行った年月日 ③　課税資産の譲渡等に係る資産または役務の内容 （課税資産の譲渡等が軽減対象資産の譲渡等である場合には、資産の内容および<u>軽減対象資産の譲渡等である旨</u>） ④　<u>税率ごとに合計した</u>課税資産の譲渡等の対価の額（税込価格） ⑤　書類の交付を受ける当該事業者の氏名または名称

（注）　これまでの帳簿、請求書等の記載事項に、下線部分が追加されました。

2.　「軽減対象資産の譲渡等である旨」の記載方法

　「軽減対象資産の譲渡等である旨」の記載については、軽減対象資産の譲渡等であることが客観的に明らかであるといえる程度の表示がされていればよく、個々の取引ごとに10％や8％の税率が記載されている場合のほか、たとえば、次のような場合も「軽減対象資産の譲渡等である旨」の記載があると認められます。

① 請求書において、軽減税率の対象となる商品に、「※」や「☆」といった記号・番号等を表示し、かつ、これらの記号・番号等が「軽減対象資産の譲渡等である旨」を別途「※（☆）は軽減対象」などと表示し、明らかにしている場合

② 同一の請求書において、軽減税率の対象となる商品とそれ以外の商品とを区分し、軽減税率の対象となる商品として区分されたものについて、その全体が軽減税率の対象であることが表示されている場合

③ 軽減税率の対象となる商品に係る請求書とそれ以外の商品に係る請求書とを分けて作成し、軽減税率の対象となる商品に係る請求書において、そこに記載された商品が軽減税率の対象であることが表示されている場合

【記号・番号等を使用した場合の区分記載請求書等の記載例】

請求書		
㈱○○御中		XX年11月30日
11月分　131,200円（税込）		
日付	品名	金額
11/1	小麦粉　※　①	5,400円
11/1	キッチンペーパー	2,200円
11/2	牛肉　※　①	10,800円
⋮	⋮	⋮
合計		131,200円
②	10%対象	88,000円
	8%対象	43,200円
※は軽減税率対象品目　③		
		△△商事㈱

① 軽減税率対象品目には「※」などを記載
② 税率ごとに合計した課税資産の譲渡等の対価の額（税込）を記載
③ 「※」が軽減税率対象品目を示すことを記載

【同一請求書内で、税率ごとに商品を区分して区分記載請求書等を発行する場合の記載例】

請求書

㈱○○御中　　　　　　　　　　XX年11月30日

11月分　131,200円（税込）

日付	品名	金額
11/1	米	5,400円
11/1	牛肉	10,800円
︙	︙	︙
8%対象		43,200円
11/2	キッチンペーパー	2,200円
︙	︙	︙
10%対象		88,000円
合計		131,200円

△△商事㈱

【税率ごとに区分記載請求書等を分けて発行する場合の記載例】

● 軽減税率対象分

請求書

（軽減税率対象）

㈱○○御中　　　　　　　　　　XX年11月30日

11月分　43,200円（税込）

日付	品名	金額
11/1	米	5,400円
11/1	牛肉	10,800円
︙	︙	︙
合計		43,200円

△△商事㈱

● 軽減税率対象分以外

請求書

㈱○○御中　　　　　　　　　　XX年11月30日

11月分　88,000円（税込）

日付	品名	金額
11/2	キッチンペーパー	2,200円
︙	︙	︙
合計		88,000円

△△商事㈱

4 適格請求書等（インボイス）保存方式

1. 制度の概要

　令和 5 年（2023 年）10 月 1 日から、仕入税額控除を受けるためには適格請求書等（インボイス）の保存が要件とされます。

　適格請求書（インボイス）発行事業者の登録は、納税地を所轄する税務署長に申請書を提出します。この「適格請求書発行事業者」の登録は課税事業者に限定されますので、免税事業者は登録できません（「免税事業者」も「課税事業者」を選択することにより交付を受けることができます）。

　この登録申請書は、適格請求書等保存方式導入の 2 年前である令和 3 年（2021 年）10 月 1 日から提出することができます。

　適格請求書等保存方式が導入される令和 5 年 10 月 1 日に登録を受けようとする事業者は、令和 5 年 3 月 31 日までに登録申請書を納税地を所轄する税務署長に提出する必要があります。

　なお、令和 5 年（2023 年）から、適格請求書等（インボイス）保存方式導入後は、「適格請求書等（インボイス）」が発行できない免税事業者や消費者からの仕入れは仕入税額控除ができなくなりますが、一定期間は「経過措置」があります。

【登録申請のスケジュール】

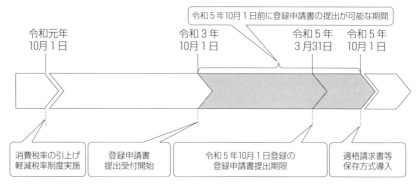

2. 適格請求書（インボイス）の交付義務・記載内容

　令和 5 年（2023 年）10 月 1 日から、適格請求書発行事業者は国内において課税資産の譲渡等を行った場合に、相手方（課税事業者に限ります）から適格請求書の交付を求められたときは適格請求書の交付義務が課されます。

　また、適格請求書等保存方式においては仕入税額控除の要件として、原則、適格請求書発行事業者から交付を受けた適格請求書の保存が必要になります。

　適格請求書（インボイス）とは、次の事項が記載された書類（請求書、納品書、領収書、レシート等）をいいます。

①　適格請求書発行事業者の氏名または名称および<u>登録番号</u>

②　課税資産の譲渡等を行った年月日

③　課税資産の譲渡等に係る資産または役務の内容（課税資産の譲渡等が軽減対象資産の譲渡等である場合には、資産の内容および軽減対象資産の譲渡等である旨）

④　<u>課税資産の譲渡等の税抜価額または税込価額を税率ごとに区分して合計した金額および適用税率</u>

⑤　<u>税率ごとに区分した消費税額等</u>（消費税額および地方消費税額に相当する金額の合計額をいいます）

⑥　書類の交付を受ける事業者の氏名または名称

（注）　下線部分が、「区分記載請求書」から追加された内容です。

【適格請求書の記載例】

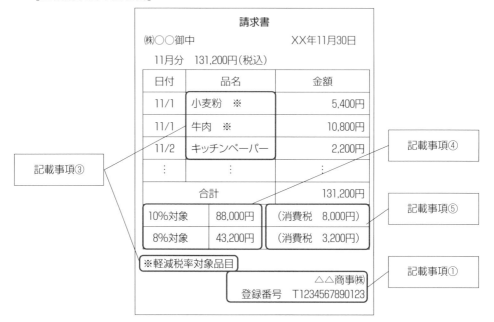

　　ただし、適格請求書発行事業者が行う事業の性質上、適格請求書を交付することが困難な次の取引については、適格請求書の交付義務が免除されます。

①　3万円未満の公共交通機関(船舶、バスまたは鉄道)による旅客の運送

②　出荷者が卸売市場において行う生鮮食料品等の販売（出荷者から委託を受けた受託者が卸売の業務として行うものに限ります）

③　生産者が農業協同組合、漁業協同組合または森林組合等に委託して行う農林水産物の販売（無条件委託方式かつ共同計算方式により生産者を特定せずに行うものに限ります）

④　3万円未満の自動販売機および自動サービス機により行われる商品の販売等

⑤　郵便切手類のみを対価とする郵便・貨物サービス（郵便ポストに差し出されたものに限ります）

　なお、小売業、飲食店業、写真業、旅行業、タクシー業、駐車場業（不特定かつ多数の者に対するものに限ります）ほか、不特定かつ多数の者に対して資産の譲渡等を行う事業については、適格請求書の記載事項を簡易なものとした適格簡易請求書を交付することができます。

3. 「適格簡易請求書」の記載方法

　小売業、飲食店業など不特定かつ多数の者に課税資産の譲渡等を行う一定の事業を行う場合には、適格請求書に代えて、適格簡易請求書を交付することができます。

　適格簡易請求書の記載事項は、適格請求書の記載事項よりも簡易なものとされており、適格請求書の記載事項と比べると、「書類の交付を受ける事業者の氏名または名称」の記載が不要である点、「税率ごとに区分した消費税額等」または「適用税率」のいずれか一方の記載で足りる点が異なります。

　具体的な記載事項は、次のとおりです。

① 　適格請求書発行事業者の氏名または名称および登録番号

② 　課税資産の譲渡等を行った年月日

③ 　課税資産の譲渡等に係る資産または役務の内容（課税資産の譲渡等が軽減対象資産の譲渡等である場合には、資産の内容および軽減対象資産の譲渡等である旨）

④ 　課税資産の譲渡等の税抜価額または税込価額を税率ごとに区分して合計した金額

⑤ 　税率ごとに区分した消費税額等または適用税率(＊)

（＊）「税率ごとに区分した消費税額等」と「適用税率」を両方記載することも可能です。

（注）　上記の記載事項のうち、①の登録番号を記載しないで作成したレシートは、令和元年10月1日から令和5年9月30日（適格請求書等保存方式の導入前）までの間における区分記載請求書等に該当します。

　なお、現行の仕入税額控除の要件として保存が必要な請求書等の記載事項についても、小売業など不特定かつ多数の者に課税資産の譲渡等を行う一定の事業に係るものである場合には、請求書等の交付を受ける相手方の氏名又は名称の記載は不要とされています（消法30⑨一）。

【適格簡易請求書の記載例（適用税率のみを記載する場合）】

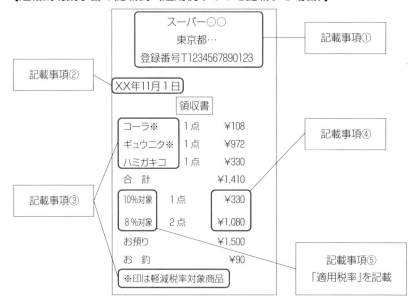

【適格簡易請求書の記載例（税率ごとに区分した消費税額等のみを記載する場合）】

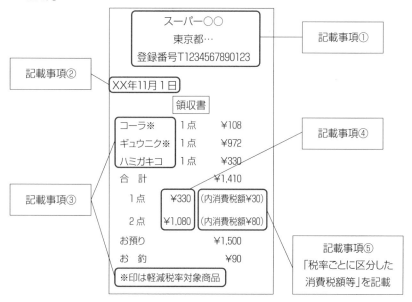

【適格請求書と適格簡易請求書の記載事項の比較（新消法57の4①②）】

適格請求書	適格簡易請求書
①　適格請求書発行事業者の氏名または名称および登録番号 ②　課税資産の譲渡等を行った年月日 ③　課税資産の譲渡等に係る資産または役務の内容（課税資産の譲渡等が軽減対象資産の譲渡等である場合には、資産の内容および軽減対象資産の譲渡等である旨） ④　課税資産の譲渡等の税抜価額または税込価額を税率ごとに区分して合計した金額および<u>適用税率</u> ⑤　税率ごとに区分した<u>消費税額等</u> ⑥　<u>書類の交付を受ける事業者の氏名または名称</u>	①　適格請求書発行事業者の氏名または名称および登録番号 ②　課税資産の譲渡等を行った年月日 ③　課税資産の譲渡等に係る資産または役務の内容（課税資産の譲渡等が軽減対象資産の譲渡等である場合には、資産の内容および軽減対象資産の譲渡等である旨） ④　課税資産の譲渡等の税抜価額または税込価額を税率ごとに区分して合計した金額 ⑤　税率ごとに区分した消費税額等<u>または適用税率</u>

4. 免税事業者、消費者からの仕入れに係る経過措置

　令和 5 年（2023 年）以降、適格請求書等保存方式の下では、適格請求書発行事業者以外の者（消費者、免税事業者または登録を受けていない課税事業者）からの仕入れについては、仕入税額控除のために保存が必要な請求書等の交付を受けることができないことから、仕入税額控除を行うことができません。

　ただし、適格請求書等保存方式導入から一定期間は、適格請求書発行事業者以外の者からの仕入れであっても、仕入税額相当額の一定割合を仕入税額とみなして控除できる以下の経過措置が設けられています。

期　　　間	割　　合
令和 5 年（2023 年）10 月 1 日から 令和 8 年（2025 年）9 月 30 日まで	仕入税額相当額の 80%
令和 8 年（2026 年）10 月 1 日から 令和 11 年（2029 年）9 月 30 日まで	仕入税額相当額の 50%

　なお、この経過措置の適用を受けるためには、区分記載請求書等保存方式の記載事項に加え、たとえば、「80% 控除対象」など、経過措置の適用を受ける課税仕入れである旨の記載が必要となります。

　具体的には、次の事項となります。
① 課税仕入れの相手方の氏名または名称
② 課税仕入れを行った年月日
③ 課税仕入れに係る資産または役務の内容（課税仕入れが他の者から受けた軽減対象資産の譲渡等に係るものである場合には、資産の内容および軽減対象資産の譲渡等に係るものである旨）および経過措置の適用を受ける課税仕入れである旨
④ 課税仕入れに係る支払対価の額

（注）　古物営業法上の許可を受けて古物営業を営む古物商が、適格請求書発行事業者
　　以外の者から同法に規定する古物（古物商が事業として販売する棚卸資産に該当
　　するものに限ります）を買い受けた場合には仕入税額控除が認められます。

第 7 章

仕入税額控除(2)

1 仕入税額控除の概要

　事業者のその課税期間における課税売上割合により、その課税期間における課税売上に係る消費税額から控除する「仕入税額控除」の金額の計算方法が異なります。

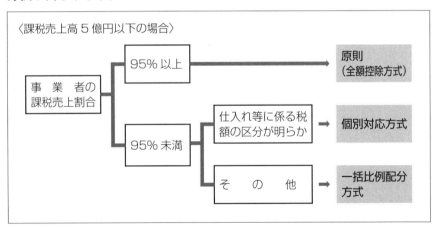

〈課税売上高5億円以下の場合〉

事業者の課税売上割合 → 95%以上 → 原則（全額控除方式）

95%未満 → 仕入れ等に係る税額の区分が明らか → 個別対応方式

その他 → 一括比例配分方式

　その年の課税売上高が5億円以下の場合には、上記のように「事業者の課税売上割合」が95%以上の場合、会社や個人事業者などが支払った消費税の全額を控除（仕入税額控除）できますが、「事業者の課税売上割合」が95%未満の場合には、「個別対応方式」または「一括比例配分方式」で

「仕入税額控除」を計算しますので、会社や個人事業者などが支払った消費税の全額を控除（仕入税額控除）することはできません（「非課税売上」に対応する部分の消費税は仕入税額控除することができません）。

「仕入税額控除」の計算について

　課税売上高が 5 億円超の会社や個人事業者については、「課税売上高」が 95% 以上であっても消費税の全額を控除（仕入税額控除）することはできません。

　この場合では、「個別対応方式」または「一括比例配分方式」で「仕入税額控除」を計算するので、非課税売上に対応する消費税は控除することができなくなっています。

---

2 課税売上割合の計算

課税売上割合は、次の算式により求めます。

〈算　式〉

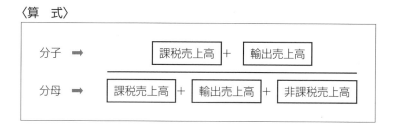

◎上記計算における留意点

① 　輸出免税等とされる取引は、分母・分子双方に含まれます。

　　非課税とされる取引は分母にだけ含まれます。不課税（対象外）は分母・分子双方に含まれません。

② 　分母・分子とも税抜きの金額で計算します。

③ 　分母・分子とも対価の返還等（値引き、返品など）がある場合には控除後の「純売上高」で計算します。

④ 　有価証券等の譲渡、金銭債権の譲渡（平成 26 年 4 月 1 日以後）の対

価の額として分母に含まれる金額は次により求めます。

〈算　式〉

$$譲渡対価の額 \times \frac{5}{100} \ (5\%)$$

3 課税売上高 5 億円以下で、かつ、課税売上割合 95% 以上の場合

その年の課税売上高が 5 億円以下で、その課税期間の課税売上割合が 95 ％以上の場合には、その課税期間における「課税仕入れ等の税額」の全額 （以下「控除対象仕入税額」といいます）を課税標準額に対する消費税額か ら控除することができます。

この場合、「課税仕入れ等の税額」は次の(1)と(2)との合計額になります。

(1)　国内において行った課税仕入れに係る消費税額

〈算　式〉

$$課税仕入れに係る支払対価の額^* \times \frac{7.8}{110} \left(\frac{軽減税率\ 6.24}{108} \right)$$

（＊）　上記の計算は「税込経理方式」になります。

「仕入税額控除」は国税の 7.8％（軽減税率 6.24％）部分で計算しますの で、110 分の 7.8（軽減税率 108 分の 6.24）を乗じて国税分を計算していま す。

地方消費税の計算において、支払った地方消費税も全額控除されます。

(2)　保税地域から引き取った課税貨物につき課された、または課されるべ
き消費税額

（例題 1）　次の資料に基づき控除対象仕入税額を求めなさい。
〈資料〉（税込経理方式、標準税率）
(1)　国内において行った課税仕入れに係る支払対価の額
276,496,000 円
(2)　保税地域から引き取った課税貨物につき課された消費税額
（うち 220,000 円は、地方消費税額）　　　1,000,000 円

〔解答欄〕

控除対象仕入税額

(1)　国内取引　[　　　　　円]　× $\dfrac{7.8}{110}$ ＝ [　　　　円]

(2)　輸入取引　[　　　　　円]　－ [　　　円] ＝ [　　　円]

(3)　合計　(1)＋(2)＝ [　　　　円]

〔解答〕
控除対象仕入税額

(1)　国内取引　276,496,000 円× $\dfrac{7.8}{110}$ ＝ 19,606,080 円

(2)　輸入取引　1,000,000 円－220,000 円＝780,000 円

(3)　合計　(1)＋(2)＝20,386,080 円

---

4 個別対応方式による計算方法（課税売上高 5 億円超または課税売上高 5 億円以下で課税売上割合 95% 未満の場合）

1．取扱い

その年の課税売上高が 5 億円超、または課税売上高 5 億円以下で、その
課税期間の課税売上割合が 95% 未満で、課税仕入れ等の税額につき、

①　課税資産の譲渡等にのみ要する税額

…事業者が払った消費税のうち「課税売上（免税売上高を含みます）」
のみに対応する消費税になります。

② 課税資産の譲渡等以外の資産の譲渡等（以下「その他の資産の譲渡等」といいます）にのみ要する税額

…事業者が払った消費税のうち「非課税売上」のみに対応する消費税になります。

③ 課税資産の譲渡等とその他の資産の譲渡等に共通して要する税額（以下「共通して要する税額」といいます）

…事業者が払った消費税のうち「課税売上（免税売上高を含みます）」「非課税売上」「不課税売上（対象外）」に共通する消費税になります。

　上記の3つの区分を明らかにしている事業者の場合には、その課税期間中における「課税仕入れ等の税額の合計額」のうち、次の算式により求めた金額（控除対象仕入税額）を課税標準額に対する消費税額から控除することができます。

〈算　式〉

　すなわち、事業者が払った消費税のうち、
- 「課税売上（免税売上高を含みます）」のみに対応する消費税
  → 　全額仕入税額控除できます。
- 「非課税売上」のみに対応する消費税
  → 　全額仕入税額控除できません。
- 「課税売上（免税売上高を含みます）」「非課税売上」「不課税売上（対象外）」に共通する消費税
- 課税売上割合分→ 　仕入税額控除できます。
- 上記以外 　　　 → 　仕入税額控除できません。

（例題 2）　次の資料に基づき個別対応方式により控除対象仕入税額を求めなさい。
〈資料〉
1. 課税売上割合　　70%
2. 課税仕入れ等の税額
   (1)　課税資産の譲渡等にのみ要する税額　　23,238,600 円
   (2)　その他の資産の譲渡等にのみ要する税額　　3,180,000 円
   (3)　共通して要する税額　　8,143,300 円

〔解答欄〕

控除対象仕入税額

|　　　　　　　円 |　+　|　　　　　　　円 |　×　70%　=　|　　　　　　　円 |

〔解答〕
控除対象仕入税額
　23,238,600 円＋8,143,300 円×70%=28,938,910 円

2. 課税仕入れ等の税額の区分についての留意事項

①　課税資産の譲渡等にのみ要するものの意義

次に掲げるものなどが該当します。

(i)　そのまま他に譲渡される課税対象資産

(ii)　課税対象資産の製造用にのみ消費し、または使用される原材料、容器、包紙、機械および装置、工具、器具、備品等

(iii)　課税対象資産に係る倉庫料、運送費、広告宣伝費、支払手数料または支払加工賃等

②　その他の資産の譲渡等（非課税売上）にのみ要するものの意義

次に掲げるものなどが該当します。

(i)　販売用土地の造成費用の支出

(ii)　賃貸用住宅の建築に係る課税仕入れなど

3. 一括比例配分方式の選定

　個別対応方式を採用できる事業者は、同方式に代えて後述する一括比例配分方式により控除対象仕入税額の計算をすることができます。

　なお、一括比例配分方式により計算することとした事業者は、2年間は個別対応方式により計算することはできません（一括比例配分方式を最低2年間継続する必要があります）。

4. 課税売上割合に準ずる割合

　個別対応方式により控除対象仕入税額の計算をする事業者は、課税売上割合による按分に代えて税務署長の承認を受けた合理的な割合（課税売上割合に準ずる割合）により按分することが認められています。

※参考

　土地の譲渡が単発であり、かつ、その土地の譲渡がなかった場合でも、事業の実態に変動がないと認められる場合に限り、次の①または②の割合のいずれか低い割合により「課税売上割合に準ずる割合」の承認を受け、仕入れに係る消費税額の計算を行うことができます（適用を受けようとする課税期間の末日までに税務署長の承認を受ける必要があります）。

　①　土地の譲渡があった課税期間の前3年に含まれる課税期間の通算課税売上割合
　②　土地の譲渡があった課税期間の前課税期間の課税売上割合

> **Q** 「個別対応方式」の具体的計算例
>
> 「個別対応方式」の計算についてイメージが湧きません。具体的な事例で説明してください。

A　次の事例により説明します。

　ある会社が下記の図のようなビルを所有し、1階、2階で店舗（スーパーマーケット）を経営し、3階が事務所、そして4階から8階で住宅の貸付けを行っているとします。

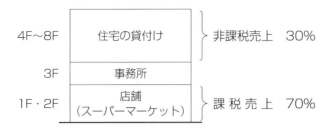

まず、「スーパーマーケットの売上」は課税売上に、「住宅の貸付け」は
非課税売上に該当します。

- 課税売上（スーパーマーケットの売上）…全体の 70％
- 非課税売上（住宅の貸付け）………………全体の 30％

としますと、課税売上割合 70％ となり、課税売上割合 95％ 未満となる
ので、たとえ課税売上高が 5 億円以下であっても仕入れに係る消費税を全
額控除することはできませんので、「個別対応方式」または「一括比例配
分方式」（後述）を採用し、「仕入税額控除」の計算を行います。

「個別対応方式」を採用する場合には、会社など事業者が支払った消費
税を次の 3 つに区分する必要があります。
① 「課税売上（免税売上高を含みます）」のみに対応する消費税

この事例では、「スーパーマーケットの売上」のみに対応し、「住宅の貸
付け」にはまったく関係しない「会社が支払った消費税」になります。

具体的には、スーパーマーケットの商品の仕入れ、スーパーマーケット
の備品などの購入、レジ袋や店舗の消耗品、折り込みチラシの費用、スー
パーマーケットの商品を保管するための倉庫の使用料などが該当します。

②　「非課税売上」のみに対応する消費税

　この事例では、「住宅の貸付け」のみに対応し、「スーパーマーケットの売上」にはまったく関係しない「会社が支払った消費税」になります。

　具体的には、住宅のリフォーム費用、住宅の貸付けに係る仲介手数料、住宅部分の備品や消耗品などが該当します。

③　「課税売上（免税売上高を含みます）」「非課税売上」「不課税売上（対象外）」に共通する消費税（「不課税売上（対象外）」のみに対応するものを含みます）

　この事例では、「住宅の貸付け」、「スーパーマーケットの売上」の両方に共通する支払消費税になります。

　具体的には、事務所の備品、消耗品、リース料、および水道光熱費など、会計事務所の顧問料、外壁工事などの修繕費などが該当します。

　また、「不課税売上（対象外）」に対する消費税もここに含まれます。たとえば、「助成金」を申請するために支払った「社会保険労務士に対する手数料」などが該当します。

　そして、「仕入税額控除」の計算は以下のようになります。

①　「課税売上（免税売上高を含みます）」のみに対応する消費税

　　　→　全額仕入税額控除できます。

②　「非課税売上」のみに対応する消費税

　　　→　全額仕入税額控除できません。

③　「課税売上（免税売上高を含みます）」「非課税売上」「不課税売上（対象外）」に共通する消費税（「不課税売上（対象外）」のみに対応するものを含みます）

　　・課税売上割合分　→　仕入税額控除できます。

　　・上記以外　　　　→　仕入税額控除できません。

たとえば、事例の会社が支払った消費税が、

① 「課税売上」のみに対応する消費税　　　　　　　　　1,000 万円

② 「非課税売上」のみに対応する消費税　　　　　　　　200 万円

③ 「課税売上」「非課税売上」などに共通する消費税　　　300 万円

で、課税売上割合が 70% としますと、「仕入税額控除」は以下の金額になります。

• 仕入税額控除ができる金額

　　1,000 万円 + 300 万円 × 70% = 1,210 万円

Q **たまたま土地の譲渡があった場合**

当社は「洋菓子の販売」を行っています。「洋菓子の販売」は当然、課税売上に該当し、非課税売上は「受取利息」程度なので、「課税売上割合」は、通常、99% 以上になります。

しかし、当期において本社の土地、建物を譲渡しました。土地の譲渡は非課税取引のため、今期は「課税売上割合」が低下し 60% 程度になりそうです。

「個別対応方式」で消費税を計算する場合、「課税売上」「非課税売上」「不課税売上（対象外）」に共通する消費税のうち「課税売上割合分」は「仕入税額控除」できるそうですが、「非課税売上割合分」の 40% 相当分は「仕入税額控除」の対象にならないのでしょうか？

A 今期に「個別対応方式」を採用すると、原材料の仕入れなど「洋菓子の販売」にのみ対応する消費税は全額控除できます。

また、非課税売上である「土地の譲渡」にのみ対応する消費税、たとえば、土地の測量代や土地の仲介手数料に対する消費税は「仕入税額控除」の対象にはなりません。

　問題は、水道光熱費や電話代、交通費などの課税・非課税などに共通する消費税の取扱いです。

　御社のケースでも、「個別対応方式」で普通に計算すると、課税・非課税などに共通する消費税のうち、「非課税売上割合分」の40％相当分は「仕入税額控除」の対象にならず、実態にそぐわないことになります。

　そこで御社のように土地の譲渡が単発であり、かつその土地の譲渡がなかった場合でも事業の実態に変動がないと認められる場合に限り、次の①または②の割合のいずれか低い割合により「課税売上割合に準ずる割合」の承認を受け、仕入れに係る消費税額の計算を行うことができます。

① 　土地の譲渡があった課税期間の前3年に含まれる課税期間の通算課税売上割合

② 　土地の譲渡があった課税期間の前課税期間の課税売上割合

　ただし、この適用を受ける場合には、その課税期間の末日までに税務署長の承認を受ける必要がありますので、注意が必要です。

5　一括比例配分方式による計算方法（課税売上高5億円超または課税売上高5億円以下で課税売上割合95％未満の場合）

1. 取扱い

　その年の課税売上高が5億円超、または課税売上高5億円以下で、その課税期間の課税売上割合が95％未満で、個別対応方式を採用できない、または採用しなかった事業者の場合には、その課税期間における「課税仕入れ等の税額の合計額」のうち、次の算式により求めた金額（控除対象仕入税額）を課税標準額に対する消費税額から控除します。

〈算　式〉

```
┌─────────────────────────┐     ┌───────────┐
│ 課税仕入れ等の税額の合計額 │  ×  │ 課税売上割合 │
└─────────────────────────┘     └───────────┘
```

（例題）　次の資料に基づき、一括比例配分方式により控除対象仕入税額を求
　　　　めなさい。
　〈資料〉
　　1．課税売上割合　　82%
　　2．課税仕入れ等の税額
　　　⑴　国内取引　　12,630,000 円
　　　⑵　輸入取引　　　 480,000 円

〔解答欄〕

　　控除対象仕入税額

　　（□□□□□ 円 ＋ □□□□□ 円 ＝ □□□□□ 円 ）
　　　×82% ＝ □□□□□ 円

〔解答〕
　控除対象仕入税額
　（12,630,000 円＋480,000 円＝13,110,000 円）×82%
　＝10,750,200 円

Q 「個別対応方式」を採用できない、採用しなかった事業者

一括比例配分方式による計算方法の説明のなかに、「個別対応方式を採用できない、または採用しなかった事業者」とありますが、どのような事業者になりますか？

A 個別対応方式を採用する場合には、事業者が支払った消費税を次の３つに区分する必要があります。

① 課税資産の譲渡等にのみ要する税額

事業が払った消費税のうち「課税売上（免税売上高を含みます）」のみに対応する消費税なります。

② 課税資産の譲渡等以外の資産の譲渡等（非課税売上）にのみ要する税額

事業が払った消費税のうち「非課税売上」のみに対応する消費税になります。

③ 課税資産の譲渡等とその他の資産の譲渡等に共通して要する税額

「個別対応方式を採用できない事業者」は上記３つの区分を行っていない事業者になります。

また、「個別対応方式を採用しなかった事業者」とは、上記３つの区分は行ったが、個別対応方式より一括比例配分方式が有利のため、一括比例配分方式を採用した事業者になります。

なお、一括比例配分方式により計算することとした事業者は、２年間は個別対応方式により計算することはできないので注意が必要です（一括比例配分方式を最低２年間継続する必要があります）。

Q　**非課税売上が「受取利息」のみの場合　（課税売上高 5 億円超）**

　当社（製造業）の製品の売上は課税売上であり、非課税売上は「受取利息」しかありません。したがって「課税売上割合」は 99.99％であり、「課税売上割合」が 95％ 以上となります。

　課税売上高が 5 億円超の会社や個人事業者については、「課税売上高」が 95％ 以上であっても消費税の全額を控除（仕入税額控除）することができないそうですが、当社のように非課税売上は「受取利息」しかなく、また「受取利息」に直接関係する支出がない場合には、支払った消費税全額を「仕入税額控除」することができますか？　ちなみに当社の課税売上高は 5 億円超です。

　また将来、有価証券の売却や社宅の家賃など非課税売上が発生することも考えられますが、このとき「個別対応方式」を採用する場合にはどのように計算すればよいでしょうか？

A　非課税売上は「受取利息」のみのケースのように「受取利息」に直接関係する支出は一切ない場合でも、支払った消費税全額を「仕入税額控除」の対象にすることはできません。

　これは、課税売上が 100％ でない限り支払った消費税には「課税売上と非課税売上に共通する消費税」が含まれるからです。

　具体的には、預金を管理する経理部門や財務部門、会社全体の業務を行う役員部門や総務部門、人事部門などの諸経費（支払家賃、水道光熱費、消耗品費など)やパソコンや机・椅子などの備品の購入などが該当します。

　したがって、課税売上が 100% でない限り「課税売上と非課税売上に共通する消費税」が発生するので、「個別対応方式」または「一括比例配分方式」で「仕入税額控除」を計算し、「非課税売上」に対応する消費税は控除することができません。

　また、「個別対応方式」を採用する場合ですが、消費税が課税される製品のみを製造している工場で支出する材料費、光熱費など「製造原価」に該当するもの、および機械装置などの固定資産の取得に係る消費税や、消費税が課税される商品のみを販売する店舗の仕入れや諸経費、備品などの購入に係る消費税は、すべて「課税資産の譲渡等にのみに要するもの」に該当します。

　預金を管理する経理部門や財務部門、会社全体の業務を行う役員部門や総務部門、人事部門などの諸経費（支払家賃、水道光熱費、消耗品費など）やパソコンや机・椅子などの備品の購入などに係る消費税は、「課税資産の譲渡等とその他の資産の譲渡等（非課税売上）に共通して要する税額」に該当します。

　なお将来、御社が有価証券の売却や社宅の家賃など非課税売上が発生した場合には、有価証券の売却手数料、社宅の仲介手数料や社宅の修繕費、リフォーム費用などが「その他の資産の譲渡等（非課税売上）のみに要する税額」に該当します。

第 **8** 章

簡易課税制度

　一定規模以下の中小事業者については、選択により控除対象仕入税額の計算を実額に代えて、売上げに係る消費税額に一定割合（みなし仕入率）を乗じて計算することができます。

1 適用対象者（適用を受けることができる事業者）

　基準期間（個人事業者は前々年、法人は前々事業年度）における課税売上高が5,000万円以下である事業者（納税義務が免除される事業者を除きます）で、「消費税簡易課税制度選択届出書（第24号様式）」を納税地の所轄税務署長に提出した事業者になります。

2 取扱い（課税標準に対する消費税額から控除する金額）

　次の算式で求めた金額を「控除対象仕入税額」とみなして、課税標準に対する消費税額から控除します。

〈算 式〉

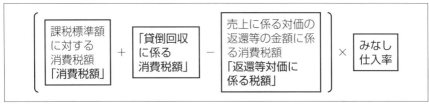

（注1） 「貸倒回収に係る消費税額」とは、以前に「貸倒損失」として処理した売掛金等の回収「償却債権取立益」に対する消費税をいいます。
（注2） 「売上に係る対価の返還等の金額に係る消費税額」とは、売上に対する「値引、返品、割引、割戻し」に係る消費税をいいます。

3 みなし仕入率の区分

　みなし仕入率は事業者の営む事業の種類の区分に応じ、90%、80%、70%、60%、50%、40% の6段階が定められています。

事業の区分	該当する事業	みなし仕入率
第1種事業	卸売業 ※卸売業とは、他の者から購入した商品をその性質および形状を変更しないで他の事業者に対して販売する事業をいいます。	90%
第2種事業	小売業 ※小売業とは、他の者から購入した商品をその性質および形状を変更しないで販売する事業で、第1種事業以外のものをいい、製造小売業は第3種事業とされます。	80%
第3種事業	農業、林業、漁業、鉱業、建設業、製造業（製造小売業を含む）、電気業、ガス業、熱供給業および水道業 ※ただし、上記のうち、加工賃その他これに類する料金を対価とする役務の提供は第4種事業とされます。	70%
第4種事業	第1種事業、第2種事業、第3種事業、第5種事業および第6種事業以外の事業 ※具体的には、飲食店業をいいます。	60%
第5種事業	運輸・通信業、金融、保険業およびサービス業 ※飲食店業に該当するものを除きます。	50%
第6種事業	不動産業	40%

（注1） 事業者が自己において使用している固定資産等の譲渡を行う事業は、原則として第4種事業とされます。
（注2） 令和元年（2019年）10月1日を含む課税期間（同日前の取引は除きます）から、

第 3 種事業である農業、林業、漁業のうち消費税の軽減税率が適用される飲食品の譲渡を行う事業を第 2 種事業とし、そのみなし仕入率は 80%（改正前 70%）が適用されます。

Q **「簡易課税制度」の選択、届出、取りやめ**

当社は、家族経営の会社ですが前期は売上が減少し、5,000万円を下回りました。聞くところによると、売上が 5,000 万円以下の場合には、「簡易課税制度」を選択できるとのことですが、自動的に簡易課税になるのでしょうか？　それとも何か届出が必要になりますか？　もし届出が必要な場合には、いつまでに届出をする必要がありますか？

また、一度簡易課税を採用した場合、取りやめは自由にできますか？

A 基準期間（個人事業者は前々年、法人は前々事業年度）における課税売上高が 5,000 万円以下であっても、何も届出をしないと原則課税になります。

「簡易課税制度」を採用する場合には、「消費税簡易課税制度選択届出書（第 24 号様式）」をその選択しようとする課税期間の初日の前日までに、納税地の所轄税務署長に提出する必要があります。

御社の場合には、前期の課税売上が 5,000 万円以下とのことですので、今期中に「消費税簡易課税制度選択届出書」を提出すれば翌期から簡易課税を選択することができます。

「簡易課税制度」を取りやめる場合には、「消費税簡易課税制度選択不適用届出書（第 25 号様式）」を納税地の所轄税務署長に提出する必要がありますが、簡易課税を選択した場合は、簡易課税を最低 2 年間継続してからでないと取りやめはできません。

Q ２種類以上の事業を営む場合の「みなし仕入率」

当社はお酒等の小売りを営んでおり、簡易課税制度を選択しています。お店での販売は小売業（第２種事業）に該当しますが、レストランや居酒屋などにもお酒を販売しているので卸売業（第１種事業）の売上もあり、宅配便の手数料などサービス業（第５種事業）の売上もあります。また、配達に使っていた軽自動車を下取りに出すなど、第四種事業の売上もある場合があります。

このように複数の事業の売上がある場合には、「みなし仕入率」はどのように計算すればいいでしょうか？

A

御社のように２種類以上の事業を営む場合には、原則として、それぞれの事業に係る課税売上高を区分し、それぞれの事業に係る「みなし仕入率」を適用して計算します。

具体的には、下記の算式のように、それぞれの事業に係る「みなし仕入率」を乗じて計算した金額の合計額により「加重平均」して求めた「みなし仕入率」を用いて計算します。

みなし仕入率の計算

$$
\frac{\substack{\text{第１種事} \\ \text{業に係る} \\ \text{消費税額}} \times 90\% + \substack{\text{第２種事} \\ \text{業に係る} \\ \text{消費税額}} \times 80\% + \substack{\text{第３種事} \\ \text{業に係る} \\ \text{消費税額}} \times 70\% + \substack{\text{第４種事} \\ \text{業に係る} \\ \text{消費税額}} \times 60\% + \substack{\text{第５種事} \\ \text{業に係る} \\ \text{消費税額}} \times 50\% + \substack{\text{第６種事} \\ \text{業に係る} \\ \text{消費税額}} \times 40\%}{\substack{\text{第１種事} \\ \text{業に係る} \\ \text{消費税額}} + \substack{\text{第２種事} \\ \text{業に係る} \\ \text{消費税額}} + \substack{\text{第３種事} \\ \text{業に係る} \\ \text{消費税額}} + \substack{\text{第４種事} \\ \text{業に係る} \\ \text{消費税額}} + \substack{\text{第５種事} \\ \text{業に係る} \\ \text{消費税額}} + \substack{\text{第６種事} \\ \text{業に係る} \\ \text{消費税額}}}
$$

Q **「75％ルール」とは**

当社は、食料品や飲み物などの小売りを営んでおり、簡易課税制度を選択しています。お店での販売は小売業（第2種事業）に該当しますが、宅配便の手数料などサービス業（第5種事業）の売上が若干あります。

このような場合にも、小売業（第2種事業）とサービス業（第5種事業）でそれぞれの事業に係る「みなし仕入率」を適用して計算する必要がありますか？

A 御社のように2種類以上の事業を営む事業者で、1種類の事業の売上が全体の100分の75以上を占める場合、その事業の「みなし仕入率」を全事業の売上に対して適用することができます。

御社の場合も、小売業（第2種事業）の売上が全体の75％以上であれば、サービス業（第5種事業）の売上に対しても小売業（第2種事業）の「みなし仕入率　80％」を使って計算することができます。

また、3以上の事業を営む事業者で、特定の2種類の事業の売上が全体の100分の75以上を占める事業者については、その2種類の事業のうち低いほうの「みなし仕入率」をその2種類以外の売上に対しても適用することができます。

たとえば、卸売業（第1種事業）の売上が60％、小売業（第2種事業）の売上が30％、サービス業（第5種事業）の売上が10％の場合には、卸売業（第1種事業）に係る売上については「みなし仕入率　90％」を適用し、小売業（第2種事業）とサービス業（第5種事業）に係る売上については「みなし仕入率　80％」を適用することができます。

ただし、この取扱い（75％ルール）は原則的な計算方法に比べて有利な場合もありますが、不利になることもあるので注意が必要です。

事業の種類を区分していない場合

当社は「簡易課税制度」を採用しており、卸売業（第1種事業）、小売業（第2種事業）、サービス業（第5種事業）の売上がありますが、もしこれらの事業に係る売上を区分しなかった場合にはどのように取り扱われますか？

A 御社のように2種類以上の事業を営む事業者が、これらの事業に係る売上を区分しなかった場合には、その事業の中で最も低い「みなし仕入率」がすべての売上に対して適用されます。

御社の場合には、卸売業（第1種事業）、小売業（第2種事業）、サービス業（第5種事業）の中で最も低い「みなし仕入率　50％」がすべての売上に対して適用され、大変不利になるので、事業の種類ごとに売上を区分し、「簡易課税制度」を適用されることを強くお勧めします。

第 **9** 章

中間申告

1 制度の趣旨

中間申告は、個人事業者および1年決算法人と1年未満決算法人との納税面での均衡を保たせるため、また、国家財政の面からは、財政収入を平準化させる目的から設けられたものであり、中間申告により納付した税額は確定申告によりその過不足の精算が行われます。

2 課税資産の譲渡等についての中間申告（前年実績による場合）

(1) 直前の課税期間の確定消費税額（国税）が400万円超4,800万円以下の場合

その課税期間の直前の課税期間の確定消費税額(国税)が400万円超4,800万円以下の課税事業者は、その課税期間開始の日以後3か月、6か月、9か月を経過した日から2か月以内に、次の中間納付額を記載した中間申告書を税務署長に提出しなければなりません。

$$
\boxed{中間納付額} = \boxed{\begin{array}{c} 直前の課税期間の \\ 確定消費税額 \end{array}} \times \boxed{\dfrac{3}{直前の課税期間の月数}}
$$

(2)　直前の課税期間の確定消費税額（国税）が 48 万円超 400 万円以下
の場合

　その課税期間の直前の課税期間の確定消費税額（国税）が 48 万円超 400
万円以下である課税事業者は、その課税期間開始の日以後 6 か月を経過し
た日から 2 か月以内に、次の中間納付額を記載した中間申告書を税務署長
に提出しなければなりません。

(3)　直前の課税期間の確定消費税額（国税）が 4,800 万円を超える場合

　その課税期間の直前の課税期間の確定消費税（国税）が 4,800 万円を超
える課税事業者は、その課税期間開始の日以後 1 か月ごとに区分した各期
間を経過した日から 2 か月以内に、次の中間納付額を記載した中間申告書
を税務署長に提出しなければなりません。

（注）中間申告の義務がない課税事業者
　直前の課税期間の確定消費税額（国税）が 48 万円以下である課税事業者は、中間
申告の義務はありません。任意申告制度については 246 頁以下参照。

❸ 課税資産の譲渡等についての中間申告（仮決算による場合）

　中間申告書を提出すべき事業者は次の事業者の区分に応じ、それぞれに
定める中間申告対象期間を一課税期間とみなして計算した中間納付額を記
載した中間申告書を提出することができます。

(1)　直前の課税期間の確定消費税額（国税）が 400 万円超 4,800 万円以下の場合

①　中間申告対象期間

　　課税期間開始の日以後 3 か月毎の各期間（第一期、第二期、第三期）

②　中間納付額

　　各中間申告対象期間における以下の算式で計算した金額

| 課税標準額に対する消費税額 | － | 仕入れに係る消費税額等 |

　すなわち、各中間申告対象期間における実績額になります。

(2)　直前の課税期間の確定消費税額（国税）が 48 万円超 400 万円以下の場合

①　中間申告対象期間

　　課税期間開始の日以後 6 か月の期間

②　中間納付額

　　中間申告対象期間における以下の算式で計算した金額

| 課税標準額に対する消費税額 | － | 仕入れに係る消費税額等 |

　すなわち、各中間申告対象期間における実績額になります。

(3)　直前の課税期間の確定消費税額（国税）が 4,800 万円超の場合

①　中間申告対象期間

　　課税期間開始の日以後 1 か月の期間

②　中間納付額

　　中間申告対象期間における以下の算式で計算した金額

| 課税標準額に対する消費税額 | － | 仕入れに係る消費税額等 |

すなわち、各中間申告対象期間における実績額になる。

⑷　添付書類

　仮決算をした場合の中間申告書には、本決算と同様に、その中間申告対象期間中の資産の譲渡等の対価の額および課税仕入れ等の税額の明細その他の事項を記載した書類（付表）を添付しなければなりません。

４　中間申告書の提出がない場合の特例

　中間申告書を提出すべき事業者が、その提出をしなかった場合には、その提出期限において「前年実績による中間申告書」の提出があったものとみなされます。

　すなわち、「前年実績による中間申告」の場合には、法人税などと同様に申告書の提出を省略することができます。

５　中間申告による納付

　中間申告書を提出した者は、その申告書に記載した中間納付額をその申告書の提出期限までに納付しなければなりません。

Q　中間申告書の提出期限および納付期限
当社は３月決算（年１回）の法人ですが、当社の中間申告書の提出期限および納付期限はどのようになりますか？

A　御社の前課税期間（前期）の確定消費税額（国税）により中間申告の回数が、３回、１回、11回と変わりますが、中間申告書の提出期限および納付期限は以下のようになります。

(1) 中間申告が年3回の場合（直前の課税期間の確定消費税額〔国税〕が400万円超4,800万円以下）

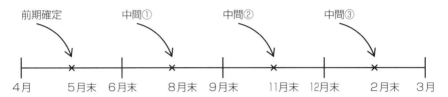

(2) 中間申告が年1回の場合（直前の課税期間の確定消費税額〔国税〕が400万円以下）

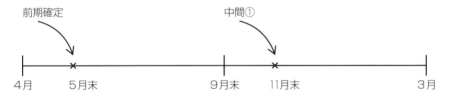

(3) 中間申告が年11回の場合（直前の課税期間の確定消費税額〔国税〕が4,800万円超）

（＊）　中間の1回目と2回目は7月末までの納付になります。

　なお、直前の課税期間の確定消費税額（国税）が48万円以下である場合には、中間申告の義務はありません。

◎任意の中間申告制度の創設（平成25年度税制改正）

　直前の課税期間の確定消費税額（国税の消費税のみ、地方消費税を含まない年税額）が48万円以下の事業者（中間申告義務のない事業者）が、任意に中間申告書（年1回）を提出する旨を記載した届出書を納税地の所轄税務署長に提出した場合には、当該届出書を提出した日以後にその末日が最初に到来する6月中間申告対象期間[*1]から、自主的に中間申告・納付[*2]することができることとされました。

（＊1）「6月中間申告対象期間」とは、その課税期間開始の日以後6月の期間で、年1回の中間申告の対象となる期間をいいます。

（＊2）中間納付税額は、直前の課税期間の確定消費税額の1／2の額となります。また、中間納付税額と併せて地方消費税の中間納付税額を納付することとなります。
　　　なお、任意の中間申告制度を適用する場合であっても、仮決算を行って計算した消費税額および地方消費税額により中間申告・納付することができます。

 「前年実績による中間申告」と「仮決算による中間申告」併用の可否

　当社は、直前の課税期間の確定消費税額（国税）が400万円超4,800万円以下ですので、当期の中間申告は年3回行うことになります。

　ところで、第1回目の中間申告と第2回目の中間申告は「前年実績による中間申告」により、前年の消費税の4分の1ずつを納税しましたが、その後売上が急激に減少したため、第3回目の中間申告は「仮決算による中間申告」で行いたいと考えています。

　このように同一事業年度で「前年実績による中間申告」と「仮決算による中間申告」を併用することは可能でしょうか？

A 消費税の中間申告は、「前年実績による中間申告」と「仮決算による中間申告」を認めており、どちらを選択するかは会社など事業者が選択することができます。

この場合、同一事業年度での継続適用は求められていませんので、御社のように第1回目の中間申告と第2回目の中間申告は「前年実績による中間申告」を選択し、第3回目の中間申告は「仮決算による中間申告」により実額計算する処理も認められます。

第 **3** 部

現物課税の取扱い

1 永年勤続者に支給する表彰記念品の取扱い

永く勤めている人への旅行の招待費用や記念品代は、次の目安を満たすものであれば、会社側では、福利厚生費として経費に落とすことができますし、受け取る従業員側では所得税や住民税がかかることはありません。

① 勤続期間が大体10年以上の人に対する記念旅行や記念品などが該当します。2回以上表彰を受ける人については、約5年以上の間隔をおいていること、たとえば、10年、15年、20年という区切りをいいます。

② 旅行費用等は、勤続年数10年で 5万円

〃 20年で10万円

〃 25年で15万円

〃 30年で20万円 程度の金額であること。

また、贈呈する物の種類によって課税されることがあります。

① お金、商品券で渡した場合

全額を給与（賞与）として処理します。

② ギフト旅行券で渡す場合

旅行券を渡してから約1年以内にその旅行券を使って旅行した場合は、福利厚生費として処理します。

1年を超えても旅行に行っておらず、その旅行券も回収していない場合は、その全額が給与（または賞与）として扱われることとなります。

旅行券で渡すときは、その使用状況を管理することが必要となります。

2 役員、従業員に対する「昼食代」「残業食事代」の取扱い

1. 「昼食代」の取扱い

　食事の価額の半額以上を役員または従業員が負担し、かつ、会社など使用者の負担が月額3,500円（消費税抜きの金額）以下である場合には、課税されません（43頁　「Q　役員、従業員に常時支給される昼食」参照）。

2. 「残業食事代」の取扱い

　会社などの使用者が、残業または宿日直をした役員または従業員（通常の勤務時間外における勤務を行った者に限られます）に対し支給する残業食事代は、課税されません（回数制限はありません）。

3 役員、従業員に対する「通勤手当」「社員旅行費用」「出張旅費」「研修費」の取扱い

1. 「通勤手当」の取扱い

　交通機関、有料道路を利用している人に支給する通勤手当で最も経済的、かつ、合理的と認められる金額は課税されません。(1か月　最高限度15万円)

マイカーなどで通勤している人の非課税となる１か月当たりの限度額の表

片道の通勤距離	１か月当たりの限度額
2km 未満	（全額課税）
2km 以上 10km 未満	4,200 円
10km 以上 15km 未満	7,100 円
15km 以上 25km 未満	12,900 円
25km 以上 35km 未満	18,700 円
35km 以上 45km 未満	24,400 円
45km 以上 55km 未満	28,000 円
55km 以上	31,600 円

（注）　２km未満：全額課税

2. 「社員旅行費用」の取扱い

社員旅行費用は、以下の要件を満たせば交際費には該当せず、福利厚生費として費用（損金）になり、役員および従業員にも所得税、住民税が課税されることはありません。

① 旅行期間が4泊5日以内のものであること

　目的地が海外の場合には、目的地における滞在日数とします。たとえば、ハワイ旅行4泊6日の場合、現地では4泊5日となるので、要件を満たすことになります。

② 旅行に参加する従業員の数は、全従業員（工場、支店等で行う場合には、この工場、支店などの従業員の合計人数）の50％以上であること（ただし、最初から特定の人だけを対象としたものは、たとえ従業員の50％以上が参加しても機会均等ではないので「交際費」になります）

　また次の点にもご注意ください。この社員旅行の取扱いは、福利厚生として一般に行われる新年会、忘年会またはボーリング大会などの、簡易なレクリエーションに参加した場合の取扱いと同様のものです。

　したがって、上記①②のポイントを形式的に満たしていても、高額な慰安旅行の場合には、給与として処理され、役員、従業員に所得税、住民税が課税されるので、最大でも会社負担分が15万円程度になるように実施してください（最近の例では、1人約24万円で否認され、従業員側に所得税、住民税が課税されています）。

3. 「出張旅費」の取扱い

　職務上または転任に伴う転居などのための旅行に必要な支出に充てるための交通費、宿泊代、日当、引っ越し代など、その旅行に通常必要な金額は課税されません。

4. 「研修費」の取扱い

会社が業務の遂行上の必要に基づき、役員、従業員に職務に直接必要な技術、知識を習得させ、または免許、資格を取得させるための研修会、講習会などの出席費用や、大学などの聴講費用には、所得税および住民税は課税されません。

４ 役員社宅の取扱い

会社が役員に対して貸与した住宅（社宅）に係る通常の賃貸料の額（月額）は、その社宅の広さに応じ、次のように計算されます。

会社がこの通常の賃貸料の額（月額）を役員から徴収していない場合には、その差額が、その役員に対する給与として取り扱われるので、役員に対して所得税、住民税が課税されます。

1. 小規模住宅（社宅）の場合

◎家屋の床面積が$132m^2$（建物の耐用年数が30年を超える場合には$99m^2$）
　以下の社宅

- 家賃相当額
  $$（家屋の固定資産税の課税標準額）\times 0.2\% + 12円 \times \frac{家屋の延床面積（m^2）}{3.3（m^2）}$$

- 地代相当額
  敷地の固定資産税の課税標準額$\times 0.22\%$

> 通常の賃貸料の額（月額）＝ 家賃相当額 ＋ 地代相当額

2. 小規模住宅（社宅）以外の場合

◎小規模住宅（社宅）および豪華な社宅のいずれにも該当しない場合

- 家賃相当額

  （家屋の固定資産税の課税標準額）$\times 12\%^{(*)} \times \dfrac{1}{12}$

  （＊）　建物の耐用年数が 30 年を超える場合は 10%

- 地代相当額

  敷地の固定資産税の課税標準額 $\times 6\% \times \dfrac{1}{12}$

  > 通常の賃貸料の額（月額）＝　家賃相当額　＋　地代相当額

◎借上げ社宅の場合

- 上記の通常の賃貸料
- 借上げ社宅の賃貸料の 50%

のいずれか多い金額になります。

3. 豪華な社宅の場合

- 家屋の床面積が、240m² を超える社宅
- 家屋の床面積が、240m² 以下であっても、プールや茶室など役員個人の趣味嗜好が反映された設備を有する社宅

　周辺の家賃相場などから、その社宅を第三者に貸与した場合に見込まれる賃貸料（実勢価額）を会社が役員から徴収する必要があります。

Q　新幹線通勤の取扱い

　当社の従業員の中には遠方から通勤している者もおり、交通手段として新幹線を利用しています。これら従業員には「新幹線定期代金（フレックス定期代）」を毎月支給していますが、この「新幹線定期代金（フレックス定期代）」も非課税の「通勤手当」となりますか？

A 「新幹線定期代金（フレックス定期代）」も通常の定期と同様に扱われるので、月額15万円までは所得税、住民税は課税されません。

ただし、月額15万円を超える金額がある場合には、その超える部分の金額には所得税、住民税が課税されます。

たとえば、「新幹線定期代金（フレックス定期代）」が月々20万円の場合、15万円を超える5万円部分（年間では60万円：5万円×12か月）は給与所得になり、所得税、住民税が課税されます。

Q グリーン車通勤について

当社の社長は、従来「社用車」で通勤していましたが、経費節減のため、「社用車」を廃止し、電車通勤に切り替えようと考えています。

ところで、当社社長は通勤に「東海道線」を使用しますが、混雑が非常に激しく、仕事にも差し障りがあるため「グリーン定期券」を購入し、グリーン車を利用しようと考えています。この「グリーン定期券」の代金も非課税の「通勤手当」として処理できますか？

A 残念ながら、お尋ねの「グリーン定期券」は非課税の「通勤手当」とは認められていません。一般の通勤定期代とグリーン定期代との差額が社長に対する役員給与となり、所得税、住民税が課税されます。

この金額は法人税で解説しました「定期同額給与」に該当するので、原則として法人税の損金になります。

なお、出張の際に社長など役員の方が「グリーン車」を使用することは認められます。

Q 「残業食事手当」の取扱い

当社では従業員の残業が多く、社員の多くが会社または会社の近くのお店で夕食をとっています。自己負担をさせるのもかわいそうなので、今後「残業食事手当」を従業員1人当たり月2万円支給しようと考えていますが、この「残業食事手当」の所得税、住民税は非課税になりますか？

A

「残業食事代」が非課税になるのは、以下のような実費弁済が行われた場合に限られます。

① 会社が「出前」などを取り、その代金を会社が直接支払う

② 従業員が「残業食事代」を立て替え、後日領収書やレシートにより会社が精算を行う（たとえば、毎週や毎月、月2回など実費精算を行う）

御社のケースのように実費精算が面倒などの理由で「残業食事手当」として金銭で支給すると、従業員などに対する給与となり、所得税、住民税が課税されるのでご注意ください（なお、深夜勤務者に夜食が支給できないため1食300円〔消費税抜き〕以下を支給する場合は除きます）。

Q 社員旅行不参加者に対する現金支給

このたび当社では、社員旅行で近隣の温泉に行く予定です。ところが、業務の都合でどうしても社員旅行に参加できない者が2名出ました。会社の都合でやむを得ず参加できないことから、この2名には旅行代金相当の3万円を現金で支給したいと考えています。

ところで聞くところによると、社員旅行不参加者に旅行相当の現金を支給すると、旅行参加者も含めて全員が給与課税されると聞きましたが、当社のケースも全員給与課税になりますか？

A 個人的な事情による社員旅行不参加者に対して旅行代金相当額を支給する場合には、ご指摘のように、社員旅行不参加者のみならず、旅行参加者も含め全員が給与課税されます。

ただし、御社のケースのように会社の業務でやむを得ず社員旅行に参加できない者にだけ現金支給している場合には、その社員旅行に不参加で現金支給を受けた方は給与課税されますが、社員旅行に参加した方は給与課税されません。

Q 職務上必要な資格を取得するための費用

当社は「有料老人ホーム」を経営しています。従業員には、勤続年数および経験などを考慮し、様々な介護の資格を取得することを奨励しています。

この介護の資格取得のための研修費や受験料は会社が負担していますが、これらの費用負担は従業員の所得税、住民税では非課税扱いでよろしいでしょうか？

A 会社が業務の遂行上の必要に基づき、役員、従業員に職務に直接必要な技術・知識を習得させ、または免許・資格を取得させるための研修会・講習会などの出席費用や、大学などでの聴講費用には、所得税および住民税は課税されません。

御社が負担する介護の資格取得のための研修費や受験料も上記に該当するので、従業員の方に課税されることはありません。

A 会社が従業員など使用人に貸与する社宅の通常の賃貸料は、前述（254頁）の「役員に貸与する小規模社宅」の賃貸料と同じになります（従業員の場合、家屋の広さは関係ありません）。

・家賃相当額

$$（家屋の固定資産税の課税標準額）× 0.2\% + 12円 × \frac{家屋の延床面積（㎡）}{3.3（㎡）}$$

・地代相当額

敷地の固定資産税の課税標準額 × 0.22%

通常の賃貸料の額（月額）＝　家賃相当額　＋　地代相当額

この場合、従業員からまったく社宅家賃を徴収していない場合には上記の「通常の賃貸料の額」が給与課税されますが、従業員から「通常の賃貸料の額」の50%相当額以上を徴収している場合には、その差額（経済的利益）は給与課税されません。

なお、個々の社宅ごとに「通常の賃貸料の額」の50%以上を徴収していなくても、全体（計算が困難な場合には、1か所、または数か所の事業所ごと）として「通常の賃貸料の額」の50%以上を徴収していれば課税されません（いわゆる「プール計算」が認められます）。

また、会社などが所有している社宅や寮などを貸与する場合に限らず、他から借りて貸与する場合でも、支払家賃にかかわらず上記の計算になり

ます。

　したがって、他から借り受けた社宅や寮などを貸す場合にも、貸主等から固定資産税の課税標準額などを確認することが必要です。

　看護師や守衛などの仕事を行ううえで勤務場所を離れて住むことが困難な従業員に対して、仕事に従事させる都合上社宅や寮を貸与する場合には、無償で貸与しても給与として課税されません。

第4部

印紙税の取扱い

Q **契約書に印紙を貼らずに契約した場合**

本来、印紙を貼らなくてはいけない売買契約書に印紙を貼らずに契約をしてしまいました。この契約書は無効になるのでしょうか？

また、印紙を貼らないことに対して何か罰則はありますか？

A 売買契約書のような重要な契約書には、印紙が貼られるのが一般的ですので、印紙が貼られていない契約書は「偽物」のようで契約そのものが無効のように考えられますが、印紙を貼ってあるかどうかは契約そのものにはまったく影響がなく、印紙が貼っていなくてもその契約は有効になります。

ただし、印紙を貼らなくてはいけない文書（これを「課税文書」といいます）に印紙を貼らなかったことに対しては、印紙税法上の罰則規定が適用されます。

具体的には、納付しなかった印紙の金額とその2倍に相当する金額との合計額（すなわち当初の印紙の3倍の金額）の過怠税がかかります。

その書類に印紙を貼らずに相手方に交付してしまった場合には、書類の作成者が所轄税務署長に対し印紙税を納付していない旨を申し出た場合には、上記の過怠税は納付しなかった印紙の金額とその10%に相当する金額との合計額（すなわち当初の印紙の1.1倍の金額）に軽減されます。ただし、この軽減は、印紙税の調査が開始した後に申し出た場合や、交付先の印紙税の調査により発覚した場合には適用されません。

また、貼付した印紙を消印しなかった場合には、消印されていない印紙税に相当する過怠税が課税されます。

この過怠税は、法人税や所得税を計算する際には、損金や必要経費になりませんので、過怠税がかからないよう注意が必要です。

Q 「仮契約書」と「本契約書」どちらにも印紙は必要か

当社はマンションなど住宅の建設を行っています。マンションの建設にあたっては当初「仮契約」を行って、その後同様の「本契約」を締結する場合が多いのですが、「本契約書」に適正な印紙を貼付していれば、「仮契約書」には印紙を貼らなくてもよいでしょうか？

両方の契約書に印紙を貼ると二重に印紙を貼ることになりませんか？

また、「念書」「覚書」「確認書」といった書類にも印紙を貼る必要がありますか？

A 印紙税は「文書課税」といわれるように、「課税文書」を作成した場合には文書を作成した都度、印紙を貼る必要があります。

逆にいいますと、文書を作成しない限りどんなに高額な取引をしたとしても印紙を貼る必要はありません。たとえば、売買契約の証拠をビデオに撮影したり、インターネットやEメールでの契約は印紙を貼る必要はありません。

ご質問のケースでは、仮に「仮契約書」と「本契約書」がまったく同様だとしても、「文書」を2通作成していますので、それぞれに所定の印紙を貼る必要があります。

ご指摘のように二重に印紙を貼ることになりますので、「本契約書」1回で済ます方法をお考えになるか、「本契約書」の契約金額については「仮契約書記載のとおりとする」と記載すれば、「本契約書」は契約金額の記載のない文書として取り扱われ、印紙は200円となります。

また、「念書」「覚書」「確認書」といった書類も、その名称で判断するのではなく、その記載内容が課税される文章かどうかで判断し、課税文書に該当する場合には印紙を貼る必要が出てきますので、安易な作成は控えたいものです。

当社では、取引にあたって作成する契約書および領収書は、本体金額と消費税および地方消費税とを区分して記載しています。この場合、本体金額と消費税および地方消費税の合計額が、契約書の記載金額、または、受取金額になるのでしょうか？

A 不動産の譲渡等に関する契約書（第1号文書）、および請負に関する文書（第2号文書）は、契約金額に応じて印紙税の額が定められています。

この場合、契約金額の中に消費税および地方消費税（以下「消費税等」といいます）が含まれるかどうかが問題になりますが、以下のように取り扱われます。

⑴　本体金額（請負金額）と消費税等が区分して記載されている場合

本体金額（請負金額）に応じて印紙税が課税されます。具体的には、下記（例1）（例2）のケースでは、記載金額は、5,000万円となり、印紙税額は1万円となります。（建設の請負の場合）

```
（例1）　請負契約書

請負金額　50,000,000 円
消費税等　　5,000,000 円
合計額　　55,000,000 円
```

```
（例2）　請負契約書

請負金額　55,000,000 円
（消費税等　　5,000,000 円を含む）
```

(2)　契約金額と消費税等が区分して記載されていない場合

　本体金額（請負金額）と消費税等合計額に対して印紙税が課税されます。具体的には、下記（例3）のケースでは、記載金額は5,500万円となり、印紙税額は3万円となります（建設の請負の場合）。

```
（例3）　請負契約書

請負金額　55,000,000円
（消費税等を含む）
```

　また、売上代金に係る金銭または有価証券の受取書（第17号文書）も上記と同様に、本体金額と消費税等が区分して記載されている（例4）（例5）のケースでは、受取金額は500万円となり、印紙税額は1,000円となります。

```
（例4）　領収書

　金　5,500,000円
但し　商品代　5,000,000円
　　　消費税等　500,000円
```

```
（例5）　領収書

　金　5,500,000円
　　（消費税等　500,000円含む）
```

　しかし、本体金額と消費税等が区分して記載されていない(例6)のケースでは、受取金額は550万円となり、印紙税額は2,000円となります。

```
（例6）　領収書

　金　5,500,000円
　　（消費税等込み）
```

Q **使わなくなったなった印紙は返金してくれるか**

当社の遊休不動産売却の話がまとまっていたため、契約書に貼付しようと4万円と5,000円の印紙を購入しました。ところが、直前になりこの話がキャンセルになりました。購入したこれらの印紙は他に使用する予定もないのですが、郵便局または税務署で払戻しはしてもらえますか？

A 印紙税について還付が受けられる場合は、印紙税の過誤納があった場合に限られます。ご質問のように、契約書に貼付することなく印紙のままの状態でお持ちの場合は、残念ながら還付を受けることはできません。また、郵便局でも買戻しは行っていません。

しかし、郵便局では、使用する見込みのない収入印紙は、1枚5円の手数料（交換により受け取る収入印紙の枚数に関係なく、交換しようとする収入印紙1枚当たりの手数料。御社が4万円と5,000円の2枚の印紙を交換する場合には、何枚の印紙と交換しようと手数料は10円です）で交換することができます。したがって、御社が200円の印紙をよく使用するのであれば、10円の手数料を支払うことにより200円の印紙225枚と交換することができます。

ちなみに、印紙税の還付を受けられるケースは以下の場合です。

① 課税文書に該当しない文書に印紙を貼ってしまった場合

② 印紙を貼った文書を使用しなくなった場合

③ 所定の金額を超える額の印紙を貼ってしまった場合

このような場合には、その文書とともに「印紙税過誤納確認申請書」を所轄税務署に提出すれば、納めすぎた印紙税は還付してもらえます。

Q **売掛金と買掛金とを相殺する場合の印紙税の取扱い**
売掛金について、自己の買掛金と相殺する場合、印紙税の取扱いと領収書の記載の仕方について教えてください。

A 一般に領収書には印紙を貼らなければいけないと思われていますが、印紙税がかかるのは「売上代金に係る金銭または有価証券の受取書」と規定されています。

売掛金と、自己の買掛金を相殺し、領収書を発行することは上記金銭または有価証券の受取りには該当しませんので、印紙を貼る必要はありません。

ただし、たとえ、売掛金と買掛金の相殺を証明するために作成される領収書であっても、その事実が文書上明らかでないときには、その領収書は金銭または有価証券の受取書とみなされてしまいますので、下記のように相殺の事実が証明できる領収書を作成する必要があります。

令和　年　月　日

領　収　書

_____ 様

金　1,000,000 円

上記正に領収いたしました。
但し、御社宛て買掛金と相殺しました。

株式会社　×××

ちなみに、売上代金を「商品券」「プリペイドカード」「ビール券」で受け取った場合の領収書は、上記の売上代金に係る有価証券の受取書に該当しますので、5万円以上の領収書には印紙を貼る必要があります。

（注）　「売上代金に係る金銭又は有価証券の受取書」（第17号文書）は、受取金額が５万円未満のものは非課税となります。
　　　　平成26年３月31日以前に作成されたものは、受取金額が３万円未満のものが非課税でした。

Q　手付金や内入金等を受け取った場合

手付金や内入金等を受け取った場合の受領書にも印紙を貼る必要がありますか？

A

手付金や内入金等は売上代金に含むと規定されており、その受領書は「売上代金に係る金銭又は有価証券の受取書」（第17号文書）に該当しますので、５万円以上の受領書には所定の印紙を貼る必要があります。

Q　消費者が発行する「領収書」にも印紙は必要か

当社は中古自動車の販売をしています。サラリーマンをされている個人の方より車を下取りするケースがよくありますが、その際、車の下取り代金を受領した個人の方に代金の受領書を書いてもらっています。このような個人の発行する受領書にも、印紙を貼ってもらう必要がありますか？

A

印紙税法では、営業に関しない受取書は非課税とされています。

営業とは、一般に「営利を目的とした同種の行為を反復継続して行うこと」とされていますが、具体的には下記によります。

①　株式会社、有限会社などの営利法人

資本取引を除いてすべて営業行為となります。

②　個人

個人商店を営んでいるなど商行為は営業行為となります。

　ご質問のように、たまたまサラリーマンや OL の方が車やマンションな
どを売却し、その代金の受領書を発行したとしても上記の営業行為には該
当しませんので、印紙を貼る必要はありません。

> ### Q　レシートにも印紙は必要か
>
> 　当社は、婦人服および婦人雑貨の小売をしています。お店で現
> 金販売した場合には、レジスター（金銭登録機）のレシートをお渡し
> し、領収書をお望みの方には別途、領収書をお渡ししています。とこ
> ろで、領収書には、受領金額が 5 万円以上の場合には印紙を貼って
> いますが、レシートにも印紙を貼る必要がありますか？

A　ご質問のレジスター（金銭登録機）のレシートは、当事者間に
おいて、一般に売上代金の受領事実を証明するものと認識され
ているところから、「売上代金に係る金銭又は有価証券の受取書」（第 17
号文書）に該当します。

　受領金額が 5 万円以上の場合には、領収書とレシートの両方に印紙を貼
る必要がありますので、いずれか一方をお渡しするのがよいと思います。

> ### Q　クレジットカード払いの「領収書」の取扱い
>
> 　クレジットカードで支払いをしたお客様にクレジット利用票の
> ほかに、お客様の要望があれば領収書を発行しています。このような
> クレジットカード支払いの領収書にも印紙が必要ですか？

A　「売上代金に係る金銭又は有価証券の受取書」（第 17 号文書）は、
金銭、または商品券、プリペイドカードなどの有価証券を売上
代金として受け取った場合が該当します。クレジットカードによる支払い
は金銭の受取りがありませんので、その領収書には印紙を貼る必要があり

ません。

　だだし、この場合、クレジットカード利用によることが明らかなように、次のような領収書を発行する必要があります。

```
┌─────────────────────────────────────┐
│                                                     │
│                              令和　年　月　日      │
│              領　収　書                          │
│                                                     │
│  _____ 様                                     │
│          金　110,000 円                         │
│                                                     │
│  上記正に領収いたしました。                      │
│  但し、クレジットカード利用                      │
│                                                     │
│                            ○　商　店          │
│                                                     │
└─────────────────────────────────────┘
```

Q **当初の請負契約を変更した場合の印紙税の取扱い**

当社は、機械装置を受注生産しています。さて、当初の請負契約を変更した場合の印紙税の取扱いについてお伺いします。以下の場合、変更契約書に貼る印紙はどうなるのでしょうか？

　①　相手先の資金繰りの都合上、代金の支払い方法を分割払いとする契約に変更した場合

　②　当初の請負金額を増額、または減額する場合

A ご質問①のような、支払方法を変更することは、印紙税法上「重要な事項の変更」にあたります。この「重要な事項」を変更した変更契約書は、印紙税の課税対象になりますので、所定の印紙を貼る必要があります。

　請負に関する契約書を例にとりますと、以下の事項を変更した場合には「重要な事項の変更」にあたります。

- 請負の内容
- 請負の期日または期限
- 契約金額、取扱数量、単価
- 契約金額の支払方法または支払期日、割戻金等の計算方法または支払方法
- 契約期間
- 契約に付される停止条件または解除条件、債務不履行の場合の損害賠償の方法

ご質問②のケースは、変更前の契約金額を証明した契約書が作成されていることが明らかな場合で、「変更契約書」に変更金額（変更前の金額と変更後の金額の差額）が記載されている場合には、以下のように取り扱うことができます。

(1) 請負金額が増額する場合

当初請負金額1,000万円を1,100万円とすると記載した場合、当初請負金額1,000万円を100万円増額すると記載した場合には、100万円に対する印紙を貼ります。

(2) 請負金額が減額する場合

当初請負金額1,000万円を900万円とすると記載した場合、当初請負金額1,000万円を100万円減額すると記載した場合には、記載金額のない契約書となり、印紙税は200円となります。

上記、(1)および(2)のいずれの場合にも、変更後の契約金額のみを記載した場合には、質問①の「重要な事項の変更」にあたり、契約金額に相当する印紙を貼る必要があるので注意が必要です。

「第7号文書　継続的取引の基本となる契約書」とは

「第7号文書　継続的取引の基本となる契約書」の印紙は4,000円となっていますが、この「継続的取引の基本となる契約書」とはどのような契約書ですか？

A 「継続的取引の基本となる契約書」とは、特約店契約書、代理店契約書、銀行取引約定書その他の契約書で、特定の相手方との間に生ずる取引の基本となるもののうち以下の要件を満たすものをいいますが、契約期間の記載があるもののうち、その契約期間が3か月以内であり、かつ、更新に関する定めのないものは除きます。

① 営業者間の間における契約であること

② 売買、売買の委託、運送、運送の取扱いまたは請負のいずれかに関する契約であること

③ 2以上の取引を継続して行う契約であること

④ 2以上の取引に共通して適用される取引条件のうち、目的物の種類、取扱数量、単価、対価の支払方法、債務不履行の場合の損害賠償の方法または再販売価格のうち1以上の事項を定める契約であること

⑤ 電気またはガスの供給に関する契約でないこと

資　料

【令和２年４月１日現在】

令和2年4月現在

$$\begin{bmatrix} 10万円以下又は10万円以上 & \cdots\cdots10万円は含まれます。 \\ 10万円を超え又は10万円未満\cdots\cdots10万円は含まれません。 \end{bmatrix}$$

番号	文書の種類（物件名）	印紙税額（1通又は1冊につき）	主な非課税文書
1	1 不動産、鉱業権、無体財産権、船舶若しくは航空機又は営業の譲渡に関する契約書 （注）無体財産権とは、特許権、実用新案権、商標権、意匠権、回路配置利用権、育成者権、商号及び著作権をいいます。 （例）不動産売買契約書、不動産交換契約書、不動産売渡証書など 2 地上権又は土地の賃借権の設定又は譲渡に関する契約書 （例）土地賃貸借契約書、土地賃料変更契約書など 3 消費貸借に関する契約書 （例）金銭借用証書、金銭消費貸借契約書など 4 運送に関する契約書 （注）運送に関する契約書には、傭船契約書を含み、乗車券、乗船券、航空券及び送り状は含まれません。 （例）運送契約書、貨物運送引受書など	記載された契約金額が 　10万円以下のもの　　　　　　　　　　　200 円 　10万円を超え　　50万円以下のもの　　400 円 　50万円を超え　　100万円以下　〃　　　1千円 　100万円を超え　500万円以下　〃　　　2千円 　500万円を超え　1千万円以下　〃　　　1万円 　1千万円を超え　5千万円以下　〃　　　2万円 　5千万円を超え　　1億円以下　〃　　　6万円 　1億円を超え　　　5億円以下　〃　　　10万円 　5億円を超え　　10億円以下　〃　　　20万円 　10億円を超え　50億円以下　〃　　　40万円 　50億円を超えるもの　　　　　　　　　60万円 　契約金額の記載のないもの　　　　　　　200 円	記載された契約金額が1万円未満(※)のもの ※第1号文書と第3号から第17号文書として該当する文書で第1号文書に所属が決定されるものは、記載された契約金額が1万円未満であっても非課税文書となりません。
	上記の1に該当する「不動産の譲渡に関する契約書」のうち、平成9年4月1日から令和4年3月31日までの間に作成されるものについては、契約書の作成年月日及び記載された契約金額に応じ、右欄のとおり印紙税額が軽減されています。 （注）契約金額の記載のないものの印紙税額は、本則どおり200円となります。	【平成26年4月1日～令和4年3月31日】 記載された契約金額が 　50万円以下のもの　　　　　　　　　　200 円 　50万円を超え　　100万円以下のもの　500 円 　100万円を超え　500万円以下　〃　　　1千円 　500万円を超え　1千万円以下　〃　　　5千円 　1千万円を超え　5千万円以下　〃　　　1万円 　5千万円を超え　　1億円以下　〃　　　3万円 　1億円を超え　　　5億円以下　〃　　　6万円 　5億円を超え　　10億円以下　〃　　　16万円 　10億円を超え　50億円以下　〃　　　32万円 　50億円を超えるもの　　　　　　　　　48万円 【平成9年4月1日～平成26年3月31日】 記載された契約金額が 　1千万円を超え5千万円以下のもの　1万5千円 　5千万円を超え　　1億円以下　〃　　4万5千円 　1億円を超え　　　5億円以下　〃　　　8万円 　5億円を超え　　10億円以下　〃　　　18万円 　10億円を超え　50億円以下　〃　　　36万円 　50億円を超えるもの　　　　　　　　　54万円	

番号	文書の種類（物件名）	印紙税額（1通又は1冊につき）	主な非課税文書
2	**請負に関する契約書** （注）請負には、職業野球の選手、映画（演劇）の俳優（監督・演出家・プロデューサー）、プロボクサー、プロレスラー、音楽家、舞踊家、テレビジョン放送の演技者（演出家、プロデューサー）が、その者としての役務の提供を約することを内容とする契約を含みます。 （例）工事請負契約書、工事注文請書、物品加工注文請書、広告契約書、映画俳優専属契約書、請負金額変更契約書など	記載された契約金額が 100万円以下のもの　　　　　　　　　　　200円 100万円を超え　200万円以下のもの　　　400円 200万円を超え　300万円以下のもの　　　1千円 300万円を超え　500万円以下　　〃　　　2千円 500万円を超え　1千万円以下　　〃　　　1万円 1千万円を超え　5千万円以下　　〃　　　2万円 5千万円を超え　　1億円以下　　〃　　　6万円 1億円を超え　　5億円以下　　〃　　　10万円 5億円を超え　　10億円以下　　〃　　　20万円 10億円を超え　50億円以下　　〃　　　40万円 50億円を超えるもの　　　　　　　　　60万円 契約金額の記載のないもの　　　　　　　200円	記載された契約金額が1万円未満[※]のもの ※第2号文書と第3号から第17号文書として該当する文書で第2号文書に所属が決定されるものは、記載された契約金額が1万円未満であっても非課税文書となりません。
2	上記の「請負に関する契約書」のうち、建設業法第2条第1項に規定する建設工事の請負に係る契約に基づき作成されるもので、平成9年4月1日から令和4年3月31日までの間に作成されるものについては、契約書の作成年月日及び記載された契約金額に応じ、右欄のとおり印紙税額が軽減されています。 （注）契約金額の記載のないものの印紙税額は、本則どおり200円となります。	【平成26年4月1日～令和4年3月31日】 記載された契約金額が 200万円以下のもの　　　　　　　　　　　200円 200万円を超え300万円以下のもの　　　　500円 300万円を超え500万円以下　　〃　　　1千円 500万円を超え1千万円以下　　〃　　　5千円 1千万円を超え5千万円以下　　〃　　　1万円 5千万円を超え　1億円以下　　〃　　　3万円 1億円を超え　5億円以下　　〃　　　6万円 5億円を超え　10億円以下　　〃　　　16万円 10億円を超え　50億円以下　　〃　　　32万円 50億円を超えるもの　　　　　　　　　48万円 【平成9年4月1日～平成26年3月31日】 記載された契約金額が 1千万円を超え　5千万円以下のもの　1万5千円 5千万円を超え　　1億円以下　　〃　　4万5千円 1億円を超え　5億円以下　　〃　　　8万円 5億円を超え　10億円以下　　〃　　　18万円 10億円を超え　50億円以下　　〃　　　36万円 50億円を超えるもの　　　　　　　　　54万円	
3	**約束手形、為替手形** （注）1 手形金額の記載のない手形は非課税となりますが、金額を補充したときは、その補充をした人がその手形を作成したものとみなされ、納税義務者となります。 2 振出人の署名のない白地手形（手形金額の記載のないものは除きます。）で、引受人やその他の手形当事者の署名のあるものは、引受人やその他の手形当事者がその手形を作成したことになります。	記載された手形金額が 10万円以上　　100万円以下のもの　　　200円 100万円を超え　200万円以下　　〃　　　400円 200万円を超え　300万円以下　　〃　　　600円 300万円を超え　500万円以下　　〃　　　1千円 500万円を超え　1千万円以下　　〃　　　2千円 1千万円を超え　2千万円以下　　〃　　　4千円 2千万円を超え　3千万円以下　　〃　　　6千円 3千万円を超え　5千万円以下　　〃　　　1万円 5千万円を超え　　1億円以下　　〃　　　2万円 1億円を超え　2億円以下　　〃　　　4万円 2億円を超え　3億円以下　　〃　　　6万円 3億円を超え　5億円以下　　〃　　　10万円 5億円を超え　10億円以下　　〃　　　15万円 10億円を超えるもの　　　　　　　　　20万円	1 記載された手形金額が10万円未満のもの 2 手形金額の記載のないもの 3 手形の複本又は謄本
3	①一覧払のもの、②金融機関相互間のもの、③外国通貨で金額を表示したもの、④非居住者円表示のもの、⑤円建銀行引受手形	200円	

番号	文書の種類（物件名）	印紙税額（1通又は1冊につき）	主な非課税文書
4	株券、出資証券若しくは社債券又は投資信託、貸付信託、特定目的信託若しくは受益証券発行信託の受益証券 （注）1 出資証券には、投資証券を含みます。 2 社債券には、特別の法律により法人の発行する債券及び相互会社の社債券を含みます。	記載された券面金額が 500万円以下のもの　　　　　　　　　　200円 500万円を超え　1千万円以下のもの　1千円 1千万円を超え　5千万円以下　　〃　2千円 5千万円を超え　　1億円以下　　〃　1万円 　1億円を超えるもの　　　　　　　　2万円 （注）株券、投資証券については、1株（1口）当たりの払込金額に株数（口数）を掛けた金額を券面金額とします。	1 日本銀行その他特定の法人の作成する出資証券 2 譲渡が禁止されている特定の受益証券 3 一定の要件を満たしている額面株式の株券の無効手続に伴い新たに作成する株券
5	合併契約書又は吸収分割契約書若しくは新設分割計画書 （注）1 会社法又は保険業法に規定する合併契約を証する文書に限ります。 2 会社法に規定する吸収分割契約又は新設分割計画を証する文書に限ります。	4万円	
6	定款 （注）株式会社、合名会社、合資会社、合同会社又は相互会社の設立のときに作成される定款の原本に限ります。	4万円	株式会社又は相互会社の定款のうち公証人法の規定により公証人の保存するもの以外のもの
7	継続的取引の基本となる契約書 （注）契約期間が3か月以内で、かつ更新の定めのないものは除きます。 （例）売買取引基本契約書、特約店契約書、代理店契約書、業務委託契約書、銀行取引約定書など	4千円	
8	預金証書、貯金証書	200円	信用金庫その他特定の金融機関の作成するもので記載された預入額が1万円未満のもの
9	倉荷証券、船荷証券、複合運送証券 （注）法定記載事項の一部を欠く証書で類似の効用があるものを含みます。	200円	
10	保険証券	200円	
11	信用状	200円	
12	信託行為に関する契約書 （注）信託証書を含みます。	200円	
13	債務の保証に関する契約書 （注）主たる債務の契約書に併記するものは除きます。	200円	身元保証ニ関スル法律に定める身元保証に関する契約書
14	金銭又は有価証券の寄託に関する契約書	200円	

番号	文書の種類（物件名）	印紙税額（1 通又は 1 冊につき）	主な非課税文書
15	債権譲渡又は債務引受けに関する契約書	記載された契約金額が 1 万円以上のもの　200 円 契約金額の記載のないもの　200 円	記載された契約金額が 1 万円未満のもの
16	配当金領収証、配当金振込通知書	記載された配当金額が 3 千円以上のもの　200 円 配当金額の記載のないもの　200 円	記載された配当金額が 3 千円未満のもの
17	1 売上代金に係る金銭又は有価証券の受取書 （注）1 売上代金とは、資産を譲渡することによる対価、資産を使用させること（権利を設定すること を含みます。）による対価及び役務を提供することによる対価をいい、手付けを含みます。 2 株券等の譲渡代金、保険料、公社債及び預貯金の利子などは売上代金から除かれます。 （例）商品販売代金の受取書、不動産の賃貸料の受取書、請負代金の受取書、広告料の受取書など	記載された受取金額が 100 万円以下のもの　　　　　　　　200 円 100 万円を超え　200 万円以下のもの　400 円 200 万円を超え　300 万円以下　〃　600 円 300 万円を超え　500 万円以下　〃　1 千円 500 万円を超え　1 千万円以下　〃　2 千円 1 千万円を超え　2 千万円以下　〃　4 千円 2 千万円を超え　3 千万円以下　〃　6 千円 3 千万円を超え　5 千万円以下　〃　1 万円 5 千万円を超え　　1 億円以下　〃　2 万円 1 億円を超え　　2 億円以下　〃　4 万円 2 億円を超え　　3 億円以下　〃　6 万円 3 億円を超え　　5 億円以下　〃　10 万円 5 億円を超え　　10 億円以下　〃　15 万円 10 億円を超えるもの　　　　　　　20 万円 受取金額の記載のないもの　　　　　200 円	次の受取書は非課税 1　記載された受取金額が **5 万円未満**（※）のもの 2　営業に関しないもの 3　有価証券、預貯金証書など特定の文書に追記した受取書 ※　平成 26 年 3 月 31 日までに作成されたものについては、記載された受取金額が 3 万円未満のものが非課税とされていました。
	2 売上代金以外の金銭又は有価証券の受取書 （例）借入金の受取書、保険金の受取書、損害賠償金の受取書、補償金の受取書、返還金の受取書など	200 円	
18	預金通帳、貯金通帳、信託通帳、掛金通帳、保険料通帳	1 年ごとに　　　　　　　　　　　　200 円	1　信用金庫など特定の金融機関の作成する預貯金通帳 2　所得税が非課税となる普通預金通帳など 3　納税準備預金通帳
19	消費貸借通帳、請負通帳、有価証券の預り通帳、金銭の受取通帳などの通帳 （注）18 に該当する通帳を除きます。	1 年ごとに　　　　　　　　　　　　400 円	
20	判取帳	1 年ごとに　　　　　　　　　　　　4 千円	

別表第一　機械及び装置以外の有形減価償却資産の耐用年数表

【建物】

構造又は用途	細　　目	耐用年数(年)
鉄骨鉄筋コンクリート造又は鉄筋コンクリート造のもの	事務所用又は美術館用のもの及び下記以外のもの	50
	住宅用、寄宿舎用、宿泊所用、学校用又は体育館用のもの	47
	飲食店用、貸席用、劇場用、演奏場用、映画館用又は舞踏場用のもの	
	飲食店用又は貸席用のもので、延べ面積のうちに占める木造内装部分の面積が3割を超えるもの	34
	その他のもの	41
	旅館用又はホテル用のもの	
	延べ面積のうちに占める木造内装部分の面積が3割を超えるもの	31
	その他のもの	39
	店舗用のもの	39
	病院用のもの	39
	変電所用、発電所用、送受信所用、停車場用、車庫用、格納庫用、荷扱所用、映画製作ステージ用、屋内スケート場用、魚市場用又はと畜場用のもの	38
	公衆浴場用のもの	31
	工場（作業場を含む。）用又は倉庫用のもの	

構造又は用途	細　目	耐用年数(年)
	塩素、塩酸、硫酸、硝酸その他の著しい腐食性を有する液体又は気体の影響を直接全面的に受けるもの、冷蔵倉庫用のもの（倉庫事業の倉庫用のものを除く。）及び放射性同位元素の放射線を直接受けるもの	24
	塩、チリ硝石その他の著しい潮解性を有する固体を常時蔵置するためのもの及び著しい蒸気の影響を直接全面的に受けるもの	31
	その他のもの	
	倉庫事業の倉庫用のもの	
	冷蔵倉庫用のもの	21
	その他のもの	31
	その他のもの	38
れんが造、石造又はブロック造のもの	事務所用又は美術館用のもの及び下記以外のもの	41
	店舗用、住宅用、寄宿舎用、宿泊所用、学校用又は体育館用のもの	38
	飲食店用、貸席用、劇場用、演奏場用、映画館用又は舞踏場用のもの	38
	旅館用、ホテル用又は病院用のもの	36
	変電所用、発電所用、送受信所用、停車場用、車庫用、格納庫用、荷扱所用、映画製作ステージ用、屋内スケート場用、魚市場用又はと畜場用のもの	34

構造又は用途	細　目	耐用年数(年)
	公衆浴場用のもの	30
	工場（作業場を含む。）用又は倉庫用のもの	
	塩素、塩酸、硫酸、硝酸その他の著しい腐食性を有する液体又は気体の影響を直接全面的に受けるもの及び冷蔵倉庫用のもの（倉庫事業の倉庫用のものを除く。）	22
	塩、チリ硝石その他の著しい潮解性を有する固体を常時蔵置するためのもの及び著しい蒸気の影響を直接全面的に受けるもの	28
	その他のもの	
	倉庫事業の倉庫用のもの	
	冷蔵倉庫用のもの	20
	その他のもの	30
	その他のもの	34
金属造のもの（骨格材の肉厚が4ミリメートルを超えるものに限る。）	事務所用又は美術館用のもの及び下記以外のもの	38
	店舗用、住宅用、寄宿舎用、宿泊所用、学校用又は体育館用のもの	34
	飲食店用、貸席用、劇場用、演奏場用、映画館用又は舞踏場用のもの	31
	変電所用、発電所用、送受信所用、停車場用、車庫用、格納庫用、荷扱所用、映画製作ステージ用、屋内スケート場用、魚市場用又はと畜場用のもの	31

構造又は用途	細　目	耐用年数(年)
	旅館用、ホテル用又は病院用のもの	29
	公衆浴場用のもの	27
	工場（作業場を含む。）用又は倉庫用のもの	
	塩素、塩酸、硫酸、硝酸その他の著しい腐食性を有する液体又は気体の影響を直接全面的に受けるもの、冷蔵倉庫用のもの（倉庫事業の倉庫用のものを除く。）及び放射性同位元素の放射線を直接受けるもの	20
	塩、チリ硝石その他の著しい潮解性を有する固体を常時蔵置するためのもの及び著しい蒸気の影響を直接全面的に受けるもの	25
	その他のもの	
	倉庫事業の倉庫用のもの	
	冷蔵倉庫用のもの	19
	その他のもの	26
	その他のもの	31
金属造のもの（骨格材の肉厚が3ミリメートルを超え4ミリメートル以下のものに限る。）	事務所用又は美術館用のもの及び下記以外のもの	30
	店舗用、住宅用、寄宿舎用、宿泊所用、学校用又は体育館用のもの	27
	飲食店用、貸席用、劇場用、演奏場用、映画館用又は舞踏場用のもの	25
	変電所用、発電所用、送受信所	25

構造又は用途	細　　目	耐用年数(年)
	用、停車場用、車庫用、格納庫用、荷扱所用、映画製作ステージ用、屋内スケート場用、魚市場用又はと畜場用のもの	
	旅館用、ホテル用又は病院用のもの	24
	公衆浴場用のもの	19
	工場（作業場を含む。）用又は倉庫用のもの	
	塩素、塩酸、硫酸、硝酸その他の著しい腐食性を有する液体又は気体の影響を直接全面的に受けるもの及び冷蔵倉庫用のもの	15
	塩、チリ硝石その他の著しい潮解性を有する固体を常時蔵置するためのもの及び著しい蒸気の影響を直接全面的に受けるもの	19
	その他のもの	24
金属造のもの（骨格材の肉厚が3ミリメートル以下のものに限る。）	事務所用又は美術館用のもの及び下記以外のもの	22
	店舗用、住宅用、寄宿舎用、宿泊所用、学校用又は体育館用のもの	19
	飲食店用、貸席用、劇場用、演奏場用、映画館用又は舞踏場用のもの	19
	変電所用、発電所用、送受信所用、停車場用、車庫用、格納庫用、荷扱所用、映画製作ステージ用、屋内スケート場用、魚市場用又はと畜場用のもの	19

構造又は用途	細　目	耐用年数（年）
	旅館用、ホテル用又は病院用のもの	17
	公衆浴場用のもの	15
	工場（作業場を含む。）用又は倉庫用のもの	
	塩素、塩酸、硫酸、硝酸その他の著しい腐食性を有する液体又は気体の影響を直接全面的に受けるもの及び冷蔵倉庫用のもの	12
	塩、チリ硝石その他の著しい潮解性を有する固体を常時蔵置するためのもの及び著しい蒸気の影響を直接全面的に受けるもの	14
	その他のもの	17
木造又は合成樹脂造のもの	事務所用又は美術館用のもの及び下記以外のもの	24
	店舗用、住宅用、寄宿舎用、宿泊所用、学校用又は体育館用のもの	22
	飲食店用、貸席用、劇場用、演奏場用、映画館用又は舞踏場用のもの	20
	変電所用、発電所用、送受信所用、停車場用、車庫用、格納庫用、荷扱所用、映画製作ステージ用、屋内スケート場用、魚市場用又はと畜場用のもの	17
	旅館用、ホテル用又は病院用のもの	17
	公衆浴場用のもの	12

構造又は用途	細　目	耐用年数(年)
	工場（作業場を含む。）用又は倉庫用のもの	
	塩素、塩酸、硫酸、硝酸その他の著しい腐食性を有する液体又は気体の影響を直接全面的に受けるもの及び冷蔵倉庫用のもの	9
	塩、チリ硝石その他の著しい潮解性を有する固体を常時蔵置するためのもの及び著しい蒸気の影響を直接全面的に受けるもの	11
	その他のもの	15
木造モルタル造のもの	事務所用又は美術館用のもの及び下記以外のもの	22
	店舗用、住宅用、寄宿舎用、宿泊所用、学校用又は体育館用のもの	20
	飲食店用、貸席用、劇場用、演奏場用、映画館用又は舞踏場用のもの	19
	変電所用、発電所用、送受信所用、停車場用、車庫用、格納庫用、荷扱所用、映画製作ステージ用、屋内スケート場用、魚市場用又はと畜場用のもの	15
	旅館用、ホテル用又は病院用のもの	15
	公衆浴場用のもの	11
	工場（作業場を含む。）用又は倉庫用のもの	
	塩素、塩酸、硫酸、硝酸その他の著しい腐食性を有する液	7

構造又は用途	細　　目	耐用年数(年)
	体又は気体の影響を直接全面的に受けるもの及び冷蔵倉庫用のもの	
	塩、チリ硝石その他の著しい潮解性を有する固体を常時蔵置するためのもの及び著しい蒸気の影響を直接全面的に受けるもの	10
	その他のもの	14
簡易建物	木製主要柱が10センチメートル角以下のもので、土居ぶき、杉皮ぶき、ルーフィングぶき又はトタンぶきのもの	10
	掘立造のもの及び仮設のもの	7

【建物附属設備】

構造又は用途	細　　目	耐用年数(年)
電気設備（照明設備を含む。）	蓄電池電源設備	6
	その他のもの	15
給排水又は衛生設備及びガス設備		15
冷房、暖房、通風又はボイラー設備	冷暖房設備（冷凍機の出力が22キロワット以下のもの）	13
	その他のもの	15
昇降機設備	エスカレーター	15
	エレベーター	17
消火、排煙又は災害報知設備及び格納式避難設備		8
エヤーカーテン又はドアー自動開閉設備		12
アーケード又は日よけ設備	主として金属製のもの	15

構造又は用途	細　　目	耐用年数(年)
	その他のもの	8
店用簡易装備		3
可動間仕切り	簡易なもの	3
	その他のもの	15
前掲のもの以外のもの及び前掲の区分によらないもの	主として金属製のもの	18
	その他のもの	10

【構築物】

構造又は用途	細　　目	耐用年数(年)
鉄道業用又は軌道業用のもの	軌条及びその附属品	20
	まくら木	
	木製のもの	8
	コンクリート製のもの	20
	金属製のもの	20
	分岐器	15
	通信線、信号線及び電灯電力線	30
	信号機	30
	送配電線及びき電線	40
	電車線及び第三軌条	20
	帰線ボンド	5
	電線支持物（電柱及び腕木を除く。）	30
	木柱及び木塔（腕木を含む。）	
	架空索道用のもの	15
	その他のもの	25
	前掲以外のもの	
	線路設備	
	軌道設備	

構造又は用途	細　目			耐用年数(年)
			道床	60
			その他のもの	16
		土工設備		57
		橋りょう		
			鉄筋コンクリート造のもの	50
			鉄骨造のもの	40
			その他のもの	15
		トンネル		
			鉄筋コンクリート造のもの	60
			れんが造のもの	35
			その他のもの	30
		その他のもの		21
	停車場設備			32
	電路設備			
		鉄柱、鉄塔、コンクリート柱及びコンクリート塔		45
		踏切保安又は自動列車停止設備		12
		その他のもの		19
	その他のもの			40
その他の鉄道用又は軌道用のもの	軌条及びその附属品並びにまくら木			15
	道床			60
	土工設備			50
	橋りょう			
		鉄筋コンクリート造のもの		50
		鉄骨造のもの		40
		その他のもの		15
	トンネル			

構造又は用途	細　目	耐用年数(年)
	鉄筋コンクリート造のもの	60
	れんが造のもの	35
	その他のもの	30
	その他のもの	30
発電用又は送配電用のもの	小水力発電用のもの（農山漁村電気導入促進法（昭和27年法律第358号）に基づき建設したものに限る。）	30
	その他の水力発電用のもの（貯水池、調整池及び水路に限る。）	57
	汽力発電用のもの（岩壁、さん橋、堤防、防波堤、煙突、その他汽力発電用のものをいう。）	41
	送電用のもの	
	地中電線路	25
	塔、柱、がい子、送電線、地線及び添加電話線	36
	配電用のもの	
	鉄塔及び鉄柱	50
	鉄筋コンクリート柱	42
	木柱	15
	配電線	30
	引込線	20
	添架電話線	30
	地中電線路	25
電気通信事業用のもの	通信ケーブル	
	光ファイバー製のもの	10
	その他のもの	13
	地中電線路	27
	その他の線路設備	21

構造又は用途	細　目	耐用年数(年)
放送用又は無線通信用のもの	鉄塔及び鉄柱	
	円筒空中線式のもの	30
	その他のもの	40
	鉄筋コンクリート柱	42
	木塔及び木柱	10
	アンテナ	10
	接地線及び放送用配線	10
農林業用のもの	主としてコンクリート造、れんが造、石造又はブロック造のもの	
	果樹棚又はホップ棚	14
	その他のもの	17
	主として金属造のもの	14
	主として木造のもの	5
	土管を主としたもの	10
	その他のもの	8
広告用のもの	金属造のもの	20
	その他のもの	10
競技場用、運動場用、遊園地用又は学校用のもの	スタンド	
	主として鉄骨鉄筋コンクリート造又は鉄筋コンクリート造のもの	45
	主として鉄骨造のもの	30
	主として木造のもの	10
	競輪場用競走路	
	コンクリート敷のもの	15
	その他のもの	10
	ネット設備	15
	野球場、陸上競技場、ゴルフコースその他のスポーツ場の排水そ	30

構造又は用途	細　　目	耐用年数(年)
	の他の土工施設	
	水泳プール	30
	その他のもの	
	児童用のもの	
	すべり台、ぶらんこ、ジャングルジムその他の遊戯用のもの	10
	その他のもの	15
	その他のもの	
	主として木造のもの	15
	その他のもの	30
緑化施設及び庭園	工場緑化施設	7
	その他の緑化施設及び庭園（工場緑化施設に含まれるものを除く。）	20
舗装道路及び舗装路面	コンクリート敷、ブロック敷、れんが敷又は石敷のもの	15
	アスファルト敷又は木れんが敷のもの	10
	ビチューマルス敷のもの	3
鉄骨鉄筋コンクリート造又は鉄筋コンクリート造のもの（前掲のものを除く。）	水道用ダム	80
	トンネル	75
	橋	60
	岸壁、さん橋、防壁（爆発物用のものを除く。）、堤防、防波堤、塔、やぐら、上水道、水そう及び用水用ダム	50
	乾ドック	45
	サイロ	35
	下水道、煙突及び焼却炉	35

構造又は用途	細　目	耐用年数（年）
	高架道路、製塩用ちんでん池、飼育場及びへい	30
	爆発物用防壁及び防油堤	25
	造船台	24
	放射性同位元素の放射線を直接受けるもの	15
	その他のもの	60
コンクリート造又はコンクリートブロック造のもの（前掲のものを除く。）	やぐら及び用水池	40
	サイロ	34
	岸壁、さん橋、防壁（爆発物用のものを除く。）、堤防、防波堤、トンネル、上水道及び水そう	30
	下水道、飼育場及びへい	15
	爆発物用防壁	13
	引湯管	10
	鉱業用廃石捨場	5
	その他のもの	40
れんが造のもの（前掲のものを除く。）	防壁（爆発物用のものを除く。）、堤防、防波堤及びトンネル	50
	煙突、煙道、焼却炉、へい及び爆発物用防壁	
	塩素、クロールスルホン酸その他の著しい腐食性を有する気体の影響を受けるもの	7
	その他のもの	25
	その他のもの	40
石造のもの（前掲のものを除く。）	岸壁、さん橋、防壁（爆発物用のものを除く。）、堤防、防波堤、上水道及び用水池	50
	乾ドック	45

構造又は用途	細　　目	耐用年数(年)
	下水道、へい及び爆発物用防壁	35
	その他のもの	50
土造のもの （前掲のものを除く。）	防壁(爆発物用のものを除く。)、堤防、防波堤及び自動車道	40
	上水道及び用水池	30
	下水道	15
	へい	20
	爆発物用防壁及び防油堤	17
	その他のもの	40
金属造のもの（前掲のものを除く。）	橋（はね上げ橋を除く。）	45
	はね上げ橋及び鋼矢板岸壁	25
	サイロ	22
	送配管	
	鋳鉄製のもの	30
	鋼鉄製のもの	15
	ガス貯そう	
	液化ガス用のもの	10
	その他のもの	20
	薬品貯そう	
	塩酸、ふっ酸、発煙硫酸、濃硝酸その他の発煙性を有する無機酸用のもの	8
	有機酸用又は硫酸、硝酸その他前掲のもの以外の無機酸用のもの	10
	アルカリ類用、塩水用、アルコール用その他のもの	15
	水そう及び油そう	
	鋳鉄製のもの	25

構造又は用途	細 目	耐用年数（年）
	鋼鉄製のもの	15
	浮きドック	20
	飼育場	15
	つり橋、煙突、焼却炉、打込み井戸、へい、街路灯及びガードレール	10
	露天式立体駐車設備	15
	その他のもの	45
合成樹脂造のもの（前掲のものを除く。）		10
木造のもの（前掲のものを除く。）	橋、塔、やぐら及びドック	15
	岸壁、さん橋、防壁、堤防、防波堤、トンネル、水そう、引湯管及びへい	10
	飼育場	7
	その他のもの	15
前掲のもの以外のもの及び前掲の区分によらないもの	主として木造のもの	15
	その他のもの	50

【船舶】

構造又は用途	細 目	耐用年数（年）
船舶法（明治32年法律第46号）第4条から第19条までの適用を受ける鋼船		
漁船	総トン数が500トン以上のもの	12
	総トン数が500トン未満のもの	9
油そう船	総トン数が2,000トン以上のもの	13
	総トン数が2,000トン未満のもの	11
薬品そう船		10
その他のもの	総トン数が2,000トン以上のもの	15

構造又は用途	細　　目	耐用年数(年)
	総トン数が2,000トン未満のもの	
	しゅんせつ船及び砂利採取船	10
	カーフェリー	11
	その他のもの	14
船舶法第4条から第19条までの適用を受ける木船		
漁船		6
薬品そう船		8
その他のもの		10
船舶法第4条から第19条までの適用を受ける軽合金船（他の項に掲げるものを除く。）		9
船舶法第4条から第19条までの適用を受ける強化プラスチック船		7
船舶法第4条から第19条までの適用を受ける水中翼船及びホバークラフト		8
その他のもの		
鋼船	しゅんせつ船及び砂利採取船	7
	発電船及びとう載漁船	8
	ひき船	10
	その他のもの	12
木船	とう載漁船	4
	しゅんせつ船及び砂利採取船	5
	動力漁船及びひき船	6
	薬品そう船	7
	その他のもの	8
その他のもの	モーターボート及びとう載漁船	4
	その他のもの	5

【航空機】

構造又は用途	細　　目	耐用年数（年）
飛行機	主として金属製のもの	
	最大離陸重量が130トンを超えるもの	10
	最大離陸重量が130トン以下のもので、5.7トンを超えるもの	8
	最大離陸重量が5.7トン以下のもの	5
	その他のもの	5
その他のもの	ヘリコプター及びグライダー	5
	その他のもの	5

【車両及び運搬具】

構造又は用途	細　　目	耐用年数（年）
鉄道用又は軌道用車両（架空索道用搬器を含む。）	電気又は蒸気機関車	18
	電車	13
	内燃動車（制御車及び附随車を含む。）	11
	貨車	
	高圧ボンベ車及び高圧タンク車	10
	薬品タンク車及び冷凍車	12
	その他のタンク車及び特殊構造車	15
	その他のもの	20
	線路建設保守用工作車	10
	鋼索鉄道用車両	15
	架空索道用搬器	
	閉鎖式のもの	10
	その他のもの	5

構造又は用途	細　　目	耐用年数(年)
	無軌条電車	8
	その他のもの	20
特殊自動車（この項には、別表第二に掲げる減価償却資産に含まれるブルドーザー、パワーショベルその他の自走式作業用機械並びにトラクター及び農林業用運搬機具を含まない。）	消防車、救急車、レントゲン車、散水車、放送宣伝車、移動無線車及びチップ製造車	5
	モータースィーパー及び除雪車	4
	タンク車、じんかい車、し尿車、寝台車、霊きゅう車、トラックミキサー、レッカーその他特殊車体を架装したもの	
	小型車（じんかい車及びし尿車にあっては積載量が2トン以下、その他のものにあっては総排気量が2リットル以下のものをいう。）	3
	その他のもの	4
運送事業用、貸自動車業用又は自動車教習所用の車両及び運搬具（前掲のものを除く。）	自動車（二輪又は三輪自動車を含み、乗合自動車を除く。）	
	小型車（貨物自動車にあっては積載量が2トン以下、その他のものにあっては総排気量が2リットル以下のものをいう。）	3
	その他のもの	
	大型乗用車（総排気量が3リットル以上のものをいう。）	5
	その他のもの	4
	乗合自動車	5
	自転車及びリヤカー	2
	被けん引車その他のもの	4

構造又は用途	細　　目	耐用年数(年)
前掲のもの以外のもの	自動車（二輪又は三輪自動車を除く。）	
	小型車（総排気量が0.66リットル以下のものをいう。）	4
	その他のもの	
	貨物自動車	
	ダンプ式のもの	4
	その他のもの	5
	報道通信用のもの	5
	その他のもの	6
	二輪又は三輪自動車	3
	自転車	2
	鉱山用人車、炭車、鉱車及び台車	
	金属製のもの	7
	その他のもの	4
	フォークリフト	4
	トロッコ	
	金属製のもの	5
	その他のもの	3
	その他のもの	
	自走能力を有するもの	7
	その他のもの	4

【工具】

構造又は用途	細　　目	耐用年数(年)
測定工具及び検査工具（電気又は電子を利用するものを含む。）		5

構造又は用途	細　　目	耐用年数(年)
治具及び取付工具		3
ロール	金属圧延用のもの	4
	なつ染ロール、粉砕ロール、混練ロールその他のもの	3
型（型枠を含む。）、鍛圧工具及び打抜工具	プレスその他の金属加工用金型、合成樹脂、ゴム又はガラス成型用金型及び鋳造用型	2
	その他のもの	3
切削工具		2
金属製柱及びカッペ		3
活字及び活字に常用される金属	購入活字（活字の形状のまま反復使用するものに限る。）	2
	自製活字及び活字に常用される金属	8
前掲のもの以外のもの	白金ノズル	13
	その他のもの	3
前掲の区分によらないもの	白金ノズル	13
	その他の主として金属製のもの	8
	その他のもの	4

【器具及び備品】

構造又は用途	細　　目	耐用年数(年)
1　家具、電気機器、ガス機器及び家庭用品（他の項に掲げるものを除く。）	事務机、事務いす及びキャビネット	
	主として金属製のもの	15
	その他のもの	8
	応接セット	
	接客業用のもの	5
	その他のもの	8

構造又は用途	細　目	耐用年数（年）
	ベッド	8
	児童用机及びいす	5
	陳列だな及び陳列ケース	
	冷凍機付又は冷蔵機付のもの	6
	その他のもの	8
	その他の家具	
	接客業用のもの	5
	その他のもの	
	主として金属製のもの	15
	その他のもの	8
	ラジオ、テレビジョン、テープレコーダーその他の音響機器	5
	冷房用又は暖房用機器	6
	電気冷蔵庫、電気洗濯機その他これらに類する電気又はガス機器	6
	氷冷蔵庫及び冷蔵ストッカー（電気式のものを除く。）	4
	カーテン、座ぶとん、寝具、丹前その他これらに類する繊維製品	3
	じゅうたんその他の床用敷物	
	小売業用、接客業用、放送用、レコード吹込用又は劇場用のもの	3
	その他のもの	6
	室内装飾品	
	主として金属製のもの	15
	その他のもの	8
	食事又はちゅう房用品	
	陶磁器製又はガラス製のもの	2
	その他のもの	5

構造又は用途	細　目	耐用年数(年)
	その他のもの	
	主として金属製のもの	15
	その他のもの	8
2　事務機器及び通信機器	謄写機器及びタイプライター	
	孔版印刷又は印書業用のもの	3
	その他のもの	5
	電子計算機	
	パーソナルコンピュータ 　（サーバー用のものを除く。）	4
	その他のもの	5
	複写機、計算機（電子計算機を除く。）、金銭登録機、タイムレコーダーその他これらに類するもの	5
	その他の事務機器	5
	テレタイプライター及びファクシミリ	5
	インターホーン及び放送用設備	6
	電話設備その他の通信機器	
	デジタル構内交換設備及びデジタルボタン電話設備	6
	その他のもの	10
3　時計、試験機器及び測定機器	時計	10
	度量衡器	5
	試験又は測定機器	5
4　光学機器及び写真製作機器	オペラグラス	2
	カメラ、映画撮影機、映写機及び望遠鏡	5
	引伸機、焼付機、乾燥機、顕微鏡その他の機器	8

構造又は用途	細　目	耐用年数（年）
5　看板及び広告器具	看板、ネオンサイン及び気球	3
	マネキン人形及び模型	2
	その他のもの	
	主として金属製のもの	10
	その他のもの	5
6　容器及び金庫	ボンベ	
	溶接製のもの	6
	鍛造製のもの	
	塩素用のもの	8
	その他のもの	10
	ドラムかん、コンテナーその他の容器	
	大型コンテナー（長さが6メートル以上のものに限る。）	7
	その他のもの	
	金属製のもの	3
	その他のもの	2
	金庫	
	手さげ金庫	5
	その他のもの	20
7　理容又は美容機器		5
8　医療機器	消毒殺菌用機器	4
	手術機器	5
	血液透析又は血しょう交換用機器	7
	ハバードタンクその他の作動部分を有する機能回復訓練機器	6
	調剤機器	6
	歯科診療用ユニット	7

構造又は用途	細　目	耐用年数(年)
	光学検査機器	
	ファイバースコープ	6
	その他のもの	8
	その他のもの	
	レントゲンその他の電子装置を使用する機器	
	移動式のもの、救急医療用のもの及び自動血液分析器	4
	その他のもの	6
	その他のもの	
	陶磁器製又はガラス製のもの	3
	主として金属製のもの	10
	その他のもの	5
9　娯楽又はスポーツ器具及び興行又は演劇用具	たまつき用具	8
	パチンコ器、ビンゴ器その他これらに類する球戯用具及び射的用具	2
	ご、しょうぎ、まあじゃん、その他の遊戯具	5
	スポーツ具	3
	劇場用観客いす	3
	どんちょう及び幕	5
	衣しょう、かつら、小道具及び大道具	2
	その他のもの	
	主として金属製のもの	10
	その他のもの	5

構造又は用途	細　目	耐用年数(年)
10　生物	植物	
	貸付業用のもの	2
	その他のもの	15
	動物	
	魚類	2
	鳥類	4
	その他のもの	8
11　前掲のもの以外のもの	映画フィルム（スライドを含む。）、磁気テープ及びレコード	2
	シート及びロープ	2
	きのこ栽培用ほだ木	3
	漁具	3
	葬儀用具	3
	楽器	5
	自動販売機（手動のものを含む。）	5
	無人駐車管理装置	5
	焼却炉	5
	その他のもの	
	主として金属製のもの	10
	その他のもの	5
12　前掲する資産のうち、当該資産について定められている前掲の耐用年数によるもの以外のもの及び前掲の区分によらないもの	主として金属製のもの	15
	その他のもの	8

別表第二　機械及び装置の耐用年数表

番号	設備の種類	細　　目	耐用年数
1	食料品製造業用設備		10^年
2	飲料、たばこ又は飼料製造業用設備		10
3	繊維工業用設備	炭素繊維製造設備 　黒鉛化炉 　その他の設備 その他の設備	 3 7 7
4	木材又は木製品（家具を除く。）製造業用設備		8
5	家具又は装備品製造業用設備		11
6	パルプ、紙又は紙加工品製造業用設備		12
7	印刷業又は印刷関連業用設備	デジタル印刷システム設備 製本業用設備 新聞業用設備 　モノタイプ、写真又は通信設備 　その他の設備 その他の設備	4 7 3 10 10
8	化学工業用設備	臭素、よう素又は塩素、臭素若しくはよう素化合物製造設備 塩化りん製造設備 活性炭製造設備 ゼラチン又はにかわ製造設備 半導体用フォトレジスト製造設備 フラットパネル用カラーフィルター、偏光板又は偏光板用フィルム製造設備 その他の設備	5 4 5 5 5 5 8
9	石油製品又は石炭製品製造業用設備		7
10	プラスチック製品製造業用設備（他の号に掲げるものを除く。）		8
11	ゴム製品製造業用設備		9

番号	設備の種類	細　目	耐用年数
12	なめし革、なめし革製品又は毛皮製造業用設備		9
13	窯業又は土石製品製造業用設備		9
14	鉄鋼業用設備	表面処理鋼材若しくは鉄粉製造業又は鉄スクラップ加工処理業用設備	5
		純鉄、原鉄、ベースメタル、フェロアロイ、鉄素形材又は鋳鉄管製造業用設備	9
		その他の設備	14
15	非鉄金属製造業用設備	核燃料物質加工設備	11
		その他の設備	7
16	金属製品製造業用設備	金属被覆及び彫刻業又は打はく及び金属製ネームプレート製造業用設備	6
		その他の設備	10
17	はん用機械器具（はん用性を有するもので、他の器具及び備品並びに機械及び装置に組み込み、又は取り付けることによりその用に供されるものをいう。）製造業用設備（第20号及び第22号に掲げるものを除く。）		12
18	生産用機械器具（物の生産の用に供されるものをいう。）製造業用設備（次号及び第21号に掲げるものを除く。）	金属加工機械製造設備	9
		その他の設備	12
19	業務用機械器具（業務用又はサービスの生産の用に供されるもの（これらのものであって物の生産の用に供されるものを含む。）をいう。）製造業用設備（第17号、第21号及び第23号に掲げるものを除く。）		7

番号	設備の種類	細　目	耐用年数
20	電子部品、デバイス又は電子回路製造業用設備	光ディスク（追記型又は書換え型のものに限る。）製造設備	6
		プリント配線基板製造設備	6
		フラットパネルディスプレイ、半導体集積回路又は半導体素子製造設備	5
		その他の設備	8
21	電気機械器具製造業用設備		7
22	情報通信機械器具製造業用設備		8
23	輸送用機械器具製造業用設備		9
24	その他の製造業用設備		9
25	農業用設備		7
26	林業用設備		5
27	漁業用設備（次号に掲げるものを除く。）		5
28	水産養殖業用設備		5
29	鉱業、採石業又は砂利採取業用設備	石油又は天然ガス鉱業用設備	
		坑井設備	3
		掘さく設備	6
		その他の設備	12
		その他の設備	6
30	総合工事業用設備		6
31	電気業用設備	電気業用水力発電設備	22
		その他の水力発電設備	20
		汽力発電設備	15
		内燃力又はガスタービン発電設備	15
		送電又は電気業用変電若しくは配電設備	
		需要者用計器	15
		柱上変圧器	18
		その他の設備	22

番号	設備の種類	細　　目	耐用年数
		鉄道又は軌道業用変電設備	15
		その他の設備	
		主として金属製のもの	17
		その他のもの	8
32	ガス業用設備	製造用設備	10
		供給用設備	
		鋳鉄製導管	22
		鋳鉄製導管以外の導管	13
		需要者用計量器	13
		その他の設備	15
		その他の設備	
		主として金属製のもの	17
		その他のもの	8
33	熱供給業用設備		17
34	水道業用設備		18
35	通信業用設備		9
36	放送業用設備		6
37	映像、音声又は文字情報制作業用設備		8
38	鉄道業用設備	自動改札装置	5
		その他の設備	12
39	道路貨物運送業用設備		12
40	倉庫業用設備		12
41	運輸に附帯するサービス業用設備		10
42	飲食料品卸売業用設備		10
43	建築材料、鉱物又は金属材料等卸売業用設備	石油又は液化石油ガス卸売用設備（貯そうを除く。）	13
		その他の設備	8
44	飲食料品小売業用設備		9

番号	設備の種類	細　目	耐用年数
45	その他の小売業用設備	ガソリン又は液化石油ガススタンド設備 その他の設備 　主として金属性のもの 　その他のもの	8 17 8
46	技術サービス業用設備（他の号に掲げるものを除く。）	計量証明業用設備 その他の設備	8 14
47	宿泊業用設備		10
48	飲食店業用設備		8
49	洗濯業、理容業、美容業又は浴場業用設備		13
50	その他の生活関連サービス業用設備		6
51	娯楽業用設備	映画館又は劇場用設備 遊園地用設備 ボウリング場用設備 その他の設備 　主として金属製のもの 　その他のもの	11 7 13 17 8
52	教育業（学校教育業を除く。）又は学習支援業用設備	教習用運転シミュレータ設備 その他の設備 　主として金属製のもの 　その他のもの	5 17 8
53	自動車整備業用設備		15
54	その他のサービス業用設備		12
55	前掲の機械及び装置以外のもの並びに前掲の区分によらないもの	機械式駐車設備 ブルドーザー、パワーショベルその他の自走式作業用機械設備 その他の設備 　主として金属製のもの 　その他のもの	10 8 17 8

別表第三　無形減価償却資産の耐用年数表

種　　類	細　　目	耐用年数(年)
漁業権		10
ダム使用権		55
水利権		20
特許権		8
実用新案権		5
意匠権		7
商標権		10
ソフトウエア	複写して販売するための原本	3
	その他のもの	5
育成者権	種苗法（平成10年法律第83号）第4条第2項に規定する品種	10
	その他	8
営業権		5
専用側線利用権		30
鉄道軌道連絡通行施設利用権		30
電気ガス供給施設利用権		15
水道施設利用権		15
工業用水道施設利用権		15
電気通信施設利用権		20

別表第四　生物の耐用年数表

種　　類	細　　目	耐用年数(年)
牛	繁殖用（家畜改良増殖法（昭和25年法律第209号）に基づく種付証明書、授精証明書、体内受精卵移植証明書又は体外受精卵移植証明書のあるものに限る。）	
	役肉用牛	6
	乳用牛	4
	種付用（家畜改良増殖法に基づく種畜証明書の交付を受けた種おす牛に限る。）	4
	その他用	6
馬	繁殖用（家畜改良増殖法に基づく種付証明書又は授精証明書のあるものに限る。）	6
	種付用（家畜改良増殖法に基づく種畜証明書の交付を受けた種おす馬に限る。）	6
	競走用	4
	その他用	8
豚		3
綿羊及びやぎ	種付用	4
	その他用	6
かんきつ樹	温州みかん	28
	その他	30
りんご樹	わい化りんご	20
	その他	29
ぶどう樹	温室ぶどう	12
	その他	15
なし樹		26
桃樹		15

種　　類	細　　目	耐用年数(年)
桜桃樹		21
びわ樹		30
くり樹		25
梅樹		25
かき樹		36
あんず樹		25
すもも樹		16
いちじく樹		11
キウイフルーツ樹		22
ブルーベリー樹		25
パイナップル		3
茶樹		34
オリーブ樹		25
つばき樹		25
桑樹	立て通し	18
	根刈り、中刈り、高刈り	9
こりやなぎ		10
みつまた		5
こうぞ		9
もう宗竹		20
アスパラガス		11
ラミー		8
ホップ		9
まおらん		10

別表第五　公害防止用減価償却資産の耐用年数表

種　　　　類	耐用年数(年)
構築物	18
機械及び装置	5

別表第六　開発研究用減価償却資産の耐用年数表

種　類	細　目	耐用年数(年)
建物及び建物附属設備	建物の全部又は一部を低温室、恒温室、無響室、電磁しゃへい室、放射性同位元素取扱室その他の特殊室にするために特に施設した内部造作又は建物附属設備	5
構築物	風どう、試験水そう及び防壁	5
	ガス又は工業薬品貯そう、アンテナ、鉄塔及び特殊用途に使用するもの	7
工具		4
器具及び備品	試験又は測定機器、計算機器、撮影機及び顕微鏡	4
機械及び装置	汎用ポンプ、汎用モーター、汎用金属工作機械、汎用金属加工機械その他これらに類するもの	7
	その他のもの	4
ソフトウエア		3

■著者紹介

松田 修（まつだ・おさむ）
税理士 松田会計事務所 所長

昭和61年　税理士試験合格。
村田簿記学校講師（法人税法・簿記論担当）を経て、税務会計の
プロ集団「辻会計事務所（現　辻・本郷税理士法人）」に入所。
平成5年　税理士 松田会計事務所　設立。
現在、簿記・税務・会計の専門スクール「麻布ブレインズ・スクール」
の代表を務めるほか、各種実務セミナー講師として活躍中。

【主な著書】
『Q&Aで基礎からわかる固定資産をめぐる会計・税務』『［実務
入門］Q&A国際税務と海外勤務者・非居住者の税金』『練習問
題でしっかり身につく！ 挫折しない簿記入門』（以上、清文社）、
『はじめてわかった決算書プロのコツ』『勝つ会社 プロのコツ』（以
上、リイド社）、『会社のお金がとぎれない！ 社長の「現ナマ」
経営』（すばる舎リンケージ）など多数。

【第4版】Q&A 経理担当者のための税務知識のポイント

2020年11月16日　発行

著　者　　松田 修 ©

発行者　　小泉 定裕

発行所　　株式会社 清文社

東京都千代田区内神田1−6−6（MIFビル）
〒101−0047　電話03(6273)7946　FAX 03(3518)0299
大阪市北区天神橋2丁目北2−6（大和南森町ビル）
〒530−0041　電話06(6135)4050　FAX 06(6135)4059
URL http://www.skattsei.co.jp/

印刷：亜細亜印刷㈱

ISBN978-4-433-73360-5